地域文化背景下的高职英语教学发展研究

陈月仙　著

延吉·延边大学出版社

图书在版编目（CIP）数据

地域文化背景下的高职英语教学发展研究 / 陈月仙著. -- 延吉：延边大学出版社，2025. 2. -- ISBN 978-7-230-07952-5

Ⅰ．H319.3

中国国家版本馆 CIP 数据核字第 2025MM5980 号

地域文化背景下的高职英语教学发展研究

著　　者：陈月仙
责任编辑：魏琳琳
封面设计：战　辉
出版发行：延边大学出版社
社　　址：吉林省延吉市公园路 977 号
邮　　编：133002
网　　址：http://www.ydcbs.com
E-mail：ydcbs@ydcbs.com
电　　话：0451-51027069
传　　真：0433-2732434
发行电话：0433-2733056
印　　刷：三河市同力彩印有限公司
开　　本：787 mm×1092 mm　1/16
印　　张：8.75
字　　数：160 千字
版　　次：2025 年 2 月　第 1 版
印　　次：2025 年 2 月　第 1 次印刷
ISBN 978-7-230-07952-5

定　　价：68.00 元

前　言

在全球化日益加速的今天，跨文化交际能力已成为衡量个人综合素质的关键指标之一。作为高等教育的重要组成部分，高职英语教学不仅承载着培养学生语言技能的使命，更肩负着提升学生跨文化交际能力的重任。然而，传统的高职英语教学往往侧重于语言知识的传授，忽视了文化背景的融入，这在一定程度上制约了教学效果的提升。为了应对这一挑战，本书应运而生。本书致力于探讨如何在高职英语教学中有效融入地域文化元素，以培养学生的跨文化交际能力，进而提升教学质量与成效。

本书共分为五章，系统地探讨了高职英语教学的基础理论、地域文化、高职英语教学现状、高职英语教师发展以及高职英语教学新思路。以下是各章节核心内容概览：

第一章"高职英语教学概述"从英语学习的本质与条件切入，深入剖析了高职英语教学的实用性、教学途径及教学模式。通过对这些方面的深入分析，本书为读者构建了全面了解高职英语教学的基础框架。此外，本章还着重强调了高职英语教学的实用性和职业导向性，指出高职英语教学应紧密围绕学生的职业需求，注重对学生实际应用能力的培养。

第二章"地域文化概述"首先说明了地域文化的定义与特征，然后详细介绍了我国不同地区的文化特色，主要包括南方地区的江南水乡文化和岭南文化，以及北方地区的东北文化和华北文化，展现了地域文化的多样性及其在英语教学中的潜在价值。此外，本章还探讨了地域文化在英语教学中的重要性，指出地域文化的融入能够丰富英语教学内容，提升学生的文化敏感度和跨文化交际能力。

第三章"地域文化背景下的高职英语教学现状"对当前高职英语教学中的教学模式、教学方法以及教学评价与评估体系进行了深入分析，指出了现有高职英语教学中存在的主要问题，为后续章节提出改进措施提供了依据。

第四章"地域文化背景下的高职英语教学法"详细介绍了几种适合高职英语教学的方法，包括 ESP 教学法、参与式教学法、情景教学法、电影教学法和内容型教学法。每种教学方法都结合具体案例进行了详细阐述，为教师提供了实用的操作指南。本章旨在帮助教师更好地将地域文化元素融入教学，从而提升教学效果。

第五章"地域文化背景下的高职英语教学新思路"提出了在地域文化背景下高职英语教学的新要求，强调了加强地域文化在高职英语教学中的内容融入、丰富地域文化在高职英语教学中的输出实践以及提升高职英语教师的地域文化素养的重要性，为高职英语教学的改革和发展提供了方向性的指导。此外，本章强调了教师在教学中的主导作用，指出教师应不断提升自身的地域文化素养，以更好地引导学生进行跨文化学习。

　　本书旨在通过系统的理论分析和实践探索，为高职英语教学提供新的思路和方法。希望本书能够为高职英语教师和研究人员提供有益的帮助，为提升高职英语教学质量、培养具有跨文化交际能力的学生贡献一份力量。笔者相信，通过地域文化的融入，高职英语教学将迎来更加广阔的发展前景。

目　录

第一章　高职英语教学概述 ··· 1
第一节　高职英语教学的实用性 ································ 1
第二节　高职英语教学途径分析 ································ 7
第三节　高职英语教学模式分析 ································ 12

第二章　地域文化概述 ··· 17
第一节　地域文化的定义与特征 ································ 17
第二节　我国不同地区的文化特色及其在高职英语教学中的应用 ···· 21
第三节　地域文化在高职英语教学中的价值 ···················· 26

第三章　地域文化背景下的高职英语教学现状 ························ 30
第一节　教学模式的应用与探索 ································ 30
第二节　教学方法的创新与优化 ································ 36
第三节　教学评价体系存在的问题及解决方案 ···················· 44

第四章　地域文化背景下的高职英语教学法 ·························· 52
第一节　ESP 教学法 ·· 52
第二节　参与式教学法 ·· 65
第三节　情景教学法 ·· 75
第四节　电影教学法 ·· 88
第五节　内容型教学法 ·· 103

第五章　地域文化背景下的高职英语教学新思路 ······················ 114
第一节　地域文化背景下的高职英语教学新要求 ················ 114
第二节　加强地域文化在高职英语教学中的内容融入 ············ 117

  第三节　创新地域文化在高职英语教学中的输出实践 …………… 122

  第四节　提升高职英语教师的地域文化素养 ……………………… 125

参考文献 ……………………………………………………………………… 130

第一章 高职英语教学概述

第一节 高职英语教学的实用性

一、高职英语教学目标

高职英语教学的目标不仅在于培养学生的基础语言能力，更强调通过英语教学提升学生的综合职业能力，使其在未来的职业生涯中能够更好地适应国际化的工作环境。具体而言，高职英语教学目标可以分为职业能力培养和人文素养提升两大方面。

（一）职业能力培养

职业能力培养是高职英语教学的核心内容之一，旨在通过系统的英语学习，使学生具备在特定职业领域中运用英语进行有效沟通的能力。其中，专业英语应用能力的培养是高职英语教学的重点。不同专业的学生需要掌握与其职业相关的专业词汇和表达方式，如商务英语、旅游英语、医学英语等。教师应结合专业特点，设计有针对性的教学内容和实践活动，帮助学生在真实的任务中练习和提升专业英语应用能力。此外，跨文化交际能力的培养也不容忽视。在全球化背景下，跨文化交际日益频繁，学生需要了解不同文化背景下的交际规则和礼仪，学会在多元文化环境中灵活应对。为此，学校可以组织跨文化交际工作坊、国际文化节等活动，让学生亲身体验不同文化的魅力，增强跨文化交际意识。团队协作与沟通能力的培养同样是职业能力的重要组成部分。在实际工作中，良好的团队协作与沟通能力能够促进工作效率的提升，增强团队凝聚力。

1. 专业英语应用能力

专业英语应用能力的培养是高职英语教学的重点之一。不同专业的学生需要掌握与其职业相关的专业词汇和表达方式,这不仅有助于他们在职场中更有效地沟通,还能提升其专业竞争力。例如,对于商务英语专业的学生,教师可以设计模拟商务谈判、市场调研报告撰写等任务,让学生在实际情景中练习专业英语的听、说、读、写技能。在"旅游英语"教学中,教师可以通过模拟旅游接待、导游讲解等场景,帮助学生熟悉行业术语和服务流程。在医学英语教学中,教师可以引入病例讨论、医患沟通等环节,帮助学生掌握医疗领域的专业英语表达。此外,教师还应鼓励学生阅读最新的专业文献和行业报告,了解国际前沿动态,拓宽知识面。通过这些多样化的教学活动,学生不仅能够提升专业英语水平,还能增强解决实际问题的能力,为未来的职业发展奠定坚实基础。

2. 跨文化交际能力

跨文化交际能力的培养在全球化背景下显得尤为重要。在高职英语教学中,教师应引导学生了解不同文化背景下的交际规则和礼仪,使其学会在多元文化环境中灵活应对。教师可以通过介绍各国的文化习俗、节日庆典等内容,帮助学生建立基本的文化认知。例如,教师可以讲解西方的圣诞节、感恩节与中国的春节、中秋节等传统节日,让学生感受不同文化的异同。教师还可以组织跨文化交际工作坊,让学生在模拟的国际会议、商务洽谈等场景中练习跨文化交际技巧,如非言语交际、礼貌用语等。通过这些活动,学生不仅能提升跨文化交际能力,还能培养开放包容的心态,为将来在国际舞台上展示自我打下良好基础。

3. 团队协作与沟通能力

团队协作与沟通能力是现代职场中不可或缺的素质。在高职英语教学中,教师应注重培养学生的团队精神和合作意识,通过小组讨论、项目合作等形式,锻炼学生的沟通协调能力和解决问题能力。例如,在"商务英语"课程中,教师可以设置团队项目,让学生分组完成市场调研报告、产品推广方案等任务,通过分工合作,共同达成目标。在"旅游英语"课程中,教师可以组织模拟旅行社运营活动,让学生扮演不同角色,如导游、客户、旅行社经理等,通过角色扮演和团队合作,提升实际工作中的应变能力和沟通技巧。此外,教师还可以引导学生参与社区服务、志愿服务等社会实践活动,增强团队协作意识,培养社会责任感。通过这些多样化的教学活动,学生不仅能够提升团队协作与沟通能力,还能增强人际交往能力,为未来的职业发展做好准备。

（二）人文素养提升

人文素养的提升是高职英语教学的重要目标之一，旨在通过英语学习，帮助学生拓宽视野，提升综合素质。具体来说，人文素养的提升包括文化认知、思维品质和情感态度三个方面。文化认知是指学生对不同文化的了解和尊重，通过学习不同国家的历史、地理、文学、艺术等内容，学生能够建立起对世界的全面认识。思维品质的提升则侧重于培养学生的批判性思维和创新思维，通过分析、比较、归纳等方法，提升学生的逻辑推理能力和解决问题能力。情感态度的培养则关注学生的情感体验和价值观念，通过英语学习，学生可以树立积极向上的人生观和价值观，培养良好的道德品质和公民意识。总之，人文素养的提升不仅能够丰富学生的精神世界，还能为他们的全面发展提供有力支撑。

1.文化认知

文化认知是高职英语教学中人文素养提升的重要组成部分。教师可以结合英语教材，向学生介绍相关的文化背景知识，引导学生了解不同国家的文化传统和风俗习惯。例如，在学习英国文学时，教师可以介绍莎士比亚的生平及其代表作，让学生感受英国文化的深厚底蕴；在学习美国历史时，教师可以讲解独立战争、南北战争等重要事件，帮助学生理解美国社会的发展脉络。教师还可以通过多媒体资源，如纪录片、电影、音乐等，为学生提供直观的文化体验。例如，学生可以通过观看关于巴黎圣母院的纪录片，了解法国建筑艺术的魅力；通过欣赏贝多芬的交响乐，感受德国古典音乐的魅力。此外，学校可以组织国际文化节、外语角等活动，邀请不同国家的学生展示本国文化，这些学生通过互动交流增进对彼此的了解和尊重。通过这些多样化的教学活动，学生不仅能够拓宽文化视野，还能培养跨文化交际能力，为未来在国际舞台上展示自我打下良好基础。

2.思维品质

思维品质的提升是高职英语教学中人文素养提升的重要方面，旨在通过英语学习，培养学生的批判性思维和创新思维。批判性思维是指学生能够对所学知识进行分析、评价和反思，形成独立的判断和见解。在高职英语教学中，教师可以通过设置开放式问题、组织辩论赛等形式，鼓励学生发表自己的观点，培养其逻辑推理能力和解决问题能力。例如，在阅读一篇关于环境保护的文章后，教师可以提出"你认为政府应该采取哪些措施来保护环境"的问题，引导学生从多个角度进行思考，形成自己的看法。创新思维则侧重于培养学生的创造力和想象力，通过头脑风暴、创意写作等活动，激发学生的创新潜能。例如,教师可以布置一项创意写作任务,让学生编写一篇关于未来生活的短文,鼓励他们大胆想象,提出新颖的观点。通过这些活动,学生不仅能够提升思维品质,还能增强解决问题的能力,为未来的职业发展奠定坚实基础。

3.情感态度

情感态度的培养是高职英语教学中人文素养提升的重要内容,旨在通过英语学习,帮助学生树立积极向上的人生观和价值观,培养学生良好的道德品质和公民意识。教师可以通过英语教学,传递正能量,激发学生的学习热情和生活动力。例如,在学习有关成功人士的传记时,教师可以引导学生思考:这些成功人士有哪些值得学习的品质?帮助学生树立正确的人生目标。教师还可以通过讨论社会热点话题,如环保、公益等,培养学生的社会责任感和公民意识。例如,在学习关于气候变化的文章后,教师可以组织一次班级讨论,让学生探讨自己可以为保护环境做些什么。此外,教师还应关注学生的情感体验,及时给予学生心理支持和鼓励,帮助他们建立自信心,克服学习中的困难。通过这些教学活动,学生不仅能够提升情感态度,还能培养良好的人格品质,为未来的发展打下坚实基础。

二、高职英语教学实践

高职英语教学的实践环节是实现教学目标的关键。通过合理的课程设置和科学的教学评价,教师可以确保教学活动的有效性和针对性,帮助学生更好地掌握英语知识和技能。

(一)课程设置

1.理论与实践相结合

理论与实践相结合是高职英语教学的重要原则之一。学校通过合理的课程设置,既注重基础知识的传授,又强调实际应用能力的培养,能够帮助学生更好地掌握英语知识和技能。理论教学应涵盖语言基础知识、文化背景知识等内容,为学生提供扎实的理论基础。例如,教师可以通过讲解英语语音、词汇、语法等基础知识,帮助学生建立系统的语言知识体系。实践教学应紧密结合学生的职业发展需求和市场需求,设计具有针对性的教学内容和活动。例如,对于商务英语专业的学生,学校可以开设商务写作、商务谈判等课程，通过模拟商务场景，让学生在实际任务中练习和提升专业英语应用能力。此外，教师还可以组织学生参与社会实践、企业实习等活动，让他们在真实的职场环境中应用所学知识，提升解决实际问题的能力。通过理论与实践相结合的教学模式，学生不仅能够掌握扎实的语言基础，还能培养实际应用能力，为未来的职业发展打下坚实基础。

2.职业发展需求与市场需求

高职英语课程设置应紧密结合学生的职业发展需求和市场需求，确保教学内容的实用性和针对性。学校应了解各专业的就业方向和发展趋势，结合行业需求，设计具有针对性的教学课程和内容。例如，对于计算机专业的学生，学校可以开设"信息技术英语""编程英语"等课程，帮助他们掌握专业领域的英语知识；对于旅游专业的学生，学校可以设置"酒店英语""导游服务英语"等课程，通过实地考察、角色扮演等形式，增强学生的实际操作能力。学校应与企业建立紧密的合作关系，邀请行业专家和企业代表参与课程设计和教学活动，确保教学内容与实际工作需求相匹配。例如，学校可以与企业联合开办社会实践课程，组织学生参观企业、参加职业讲座，让他们了解行业动态，明确职业发展方向。此外，学校还可以设置就业指导课程，为学生提供职业咨询、简历撰写、面试技巧等方面的指导，帮助他们顺利从校园过渡到职场。通过这些措施，高职英语教学不仅能够满足学生的个性化需求，还能为他们的职业发展提供有力支持。

3.学分制与模块化

学分制与模块化是高职英语课程设置的重要特点，旨在实现教学的灵活性和个性化。学分制允许学生根据个人兴趣和需求，自主选择适合的课程组合，从而实现个性化发展。例如，学生可以结合自身的专业方向和职业规划，选择相应的专业英语课程，如"商务英语""旅游英语""医学英语"等。通过选修不同课程，学生能够丰富知识结构，提升综合素质。模块化课程则将整个课程体系划分为若干个独立的模块，每个模块对应特定的学习目标和内容，便于学生系统地学习和掌握知识。例如，基础模块可以包括听、说、读、写等基本英语技能的训练，专业模块可以涵盖专业词汇、行业术语等内容，拓展模块则可以涉及跨文化交际、团队协作等综合能力的培养。通过学分制与模块化相结合的教学模式，学生不仅能够根据自己的需求选择课程，还能在系统化的学习过程中逐步提升英语水平，为未来的职业发展奠定坚实基础。

（二）教学评价

教学评价主要包括过程性评价、终结性评价以及反馈与改进三个方面。

1. 过程性评价

过程性评价是高职英语教学评价的重要组成部分，旨在通过持续的观察和记录，全面了解学生的学习过程和进展情况。教师可以通过课堂观察、小组讨论、作业检查等形式，记录学生在课堂上的表现，如课堂参与度、合作能力、语言运用能力等。例如，在小组讨论中，教师可以关注学生是否能够积极发言，是否能够倾听他人的意见并进行有效沟通，以及是否能够用英语清晰地表达自己的观点。此外，教师还可以通过学习日志、反思报告等方式，引导学生对自己的学习过程进行反思和总结，帮助他们发现学习中的优点和不足，并制定改进措施。例如，教师可以利用信息技术手段，如在线测试、学习管理系统等，对学生的学习情况进行实时监控，及时发现学生在学习中存在的问题，并为其提供个性化的指导和帮助。通过这些多样化的评价方式，教师不仅能够全面了解学生的学习情况，还能激发学生的学习积极性，促进其全面发展。

2. 终结性评价

终结性评价是对学生学习成果的最终检验，通常通过期末考试、课程论文等形式进行。终结性评价不仅能够反映学生对所学知识的掌握程度，还能为教师提供教学效果的反馈，为后续教学改进提供依据。期末考试应涵盖听、说、读、写等各个方面，全面评估学生的语言综合运用能力。例如，听力部分可以设置真实场景的听力材料，考查学生的听力理解能力；口语部分可以采用模拟面试、情景对话等形式，考查学生的口语表达能力；阅读部分可以选取不同题材的文章，考查学生的阅读理解能力；写作部分可以设置应用文写作、议论文写作等任务，考查学生的写作能力。课程论文是另一种重要的终结性评价形式，要求学生围绕某一主题进行深入研究，撰写一篇具有一定学术水平的论文。通过课程论文，教师可以考查学生的文献检索能力、分析问题能力和书面表达能力。此外，教师还可以结合学生的平时表现，如课堂参与度、作业完成情况等，综合评定学生的最终成绩，确保评价结果的公正性和全面性。科学合理的终结性评价，不仅能够准确评估学生的学习成果，还能为教师提供教学效果的反馈，促进教学质量的提升。

3. 反馈与改进

反馈与改进是高职英语教学评价的重要环节，旨在通过及时的反馈，帮助学生发现学习中存在的问题，制定改进措施，促进其持续进步。教师应及时向学生反馈学习情况，指出其在语言知识、语言技能、学习方法等方面的优势和不足，帮助学生明确改进的方向。例如，教师可以通过批改作业、面对面辅导等形式，详细说明学生在发音、词汇、语法等方面存在的问题，并提出具体的改进建议。同时，教师应鼓励学生进行自我反思，引导他们对自己的学习过程进行总结和评价，找出学习中的薄弱环节，并制订切实可行的改进计划。例如，教师要求学生每周写一篇学习反思报告，记录学习心得和遇到的问题，通过反思提升学习效率。此外，教师还应定期召开教学研讨会，与其他教师分享教学经验，共同探讨教学中存在的问题和改进措施，形成良好的教学反馈机制。这些措施不仅能够帮助学生及时纠正学习中的错误，还能促进教师教学水平的提升，实现教学相长。

第二节 高职英语教学途径分析

一、课堂教学

课堂教学是高职英语教学的主要途径之一，采用多样化的课堂教学方法能够有效提升学生的英语水平和综合能力。常见的课堂教学方法主要包括讲授法和互动式教学两种。

（一）讲授法

讲授法是一种传统的教学方法，在高职英语教学中仍然发挥着重要作用。讲授法主要通过教师的讲解和示范，向学生传授知识、训练技能，并进行情感教育。

1. 知识传授

在高职英语教学中，知识传授是讲授法的核心内容之一。教师通过系统的讲解，帮助学生掌握英语的基本词汇、语法和句型结构。例如，在讲解被动语态时，教师可以详细解释其构成、用法和常见句型,并通过例句和练习题,帮助学生巩固所学知识。此外,教师还可以结合学生的专业背景,引入相关领域的专业词汇和表达方式,如商务英语中的合同条款、旅游英语中的景点介绍等。通过这种有针对性的知识传授,学生不仅能够掌握英语的基础知识,还能为专业学习和未来的职业发展奠定坚实基础。

2.技能训练

技能训练是讲授法的另一个重要方面。在高职英语教学中,教师应注重培养学生的听、说、读、写四项基本技能。例如,在听力训练中,教师可以选择不同类型的听力材料,如新闻报道、电影片段、演讲等,并通过听前预测、听中记录、听后讨论等步骤,帮助学生提升听力理解能力。在口语训练中,教师可以组织模拟对话、情景表演等活动,让学生在实际语境中练习口语表达。在阅读训练中,教师可以引导学生阅读不同题材的文章,并通过词汇注释、段落分析、问题回答等方法,提升学生的阅读理解能力。在写作训练中,教师可以布置不同类型的写作任务,如日记、书信、报告等,并通过范文分析、写作指导和同伴互评等环节,帮助学生提升写作水平。通过这些系统的技能训练,学生不仅能够提升英语综合运用能力,还能增强自信心,为实际应用专业英语奠定坚实基础。

3.情感教育

情感教育是讲授法中不可忽视的一个方面。在高职英语教学中,教师应注重培养学生的积极情感和学习态度。例如,教师可以通过讲述成功人士的学习经历和奋斗故事,激发学生的学习动力和自信心;通过分享学习方法和技巧,帮助学生克服学习中的困难,树立正确的学习观念。此外,教师还应关注学生的情感体验,及时给予学生心理支持和鼓励,帮助他们建立良好的人际关系和团队合作精神。通过这些情感教育活动,学生不仅能够提升学习效果,还能培养良好的人格品质,为未来的发展奠定坚实基础。

(二)互动式教学

互动式教学是一种以学生为中心的教学方法,通过小组讨论、角色扮演、案例分析等形式,提升学生的参与度和主动性,从而提升教学效果。

1.小组讨论

小组讨论是互动式教学中常见的形式之一。在高职英语教学中,教师可以将学生分成若干小组,围绕特定的话题或问题进行讨论。例如,在商务英语教学中,教师可以设置"如何进行有效的商务谈判"这一话题,让学生分组讨论谈判技巧、注意事项等内容。通过小组讨论,学生不仅能够提升口语表达能力,还能培养团队合作精神和批判性思维。此外,教师还可以通过观察和记录,了解学生在讨论中的表现,及时给予反馈和指导,帮助他们改进学习方法。

2.角色扮演

角色扮演是一种模拟真实情景的教学方法,通过让学生扮演不同的角色,提升其语言运用能力和实际操作能力。在高职英语教学中,教师可以设计各种角色扮演活动,如模拟酒店前台接待、商务谈判、旅游接待等。例如,在"旅游英语"课程中,教师可以设置"机场接机"这一情景,让学生分别扮演导游、游客、机场工作人员等角色,用英语进行交流。在角色扮演过程中,教师应提供必要的背景信息和语言支持,帮助学生更好地进入角色。通过角色扮演,学生不仅能够提升口语表达能力,还能增强应对实际问题的能力,为未来的职业发展奠定坚实基础。

3.案例分析

案例分析是一种通过分析实际案例,帮助学生理解理论知识和应用技能的教学方法。在高职英语教学中,教师可以选择与学生专业相关的实际案例,引导学生进行分析和讨论。例如,在商务英语教学中,教师可以选取一家跨国公司的成功案例,让学生分析该公司的市场策略、企业文化、管理模式等内容。在分析过程中,教师应引导学生用英语表达观点,鼓励他们从多个角度进行思考,形成独立的判断和见解。通过案例分析,学生不仅能够提升语言运用能力,还能培养解决问题的能力和创新思维,为未来的职业发展奠定坚实基础。

二、课外活动

课外活动是高职英语教学的重要补充,丰富多彩的活动形式可以激发学生的学习兴趣,提升其语言运用能力和综合素质。课外活动主要包括英语角和英语竞赛两种形式。

(一)英语角

英语角是高职英语教学中常见的课外活动形式之一。教师通过组织定期的英语角活动,可以为学生提供一个自由交流的平台,提升学生的语言运用能力和跨文化交际能力。

1.话题选择

话题选择是英语角活动成功的关键。教师应根据学生的兴趣和需求,选择具有吸引力和实用性的主题。例如,可以选择"中西文化差异""科技与生活""环保与可持续发展"等话题,让学生在讨论中了解文化异同,拓宽知识面。此外,教师还可以结合时事热点,如重大国际事件、热门电影等,让学生在讨论中提升语言运用能力。教师通过精心选择话题,可以激发学生的参与热情,提升活动效果。

2.活动组织

活动组织是确保英语角顺利进行的重要环节。教师应提前规划活动流程,明确活动目标和要求。例如,可以将活动分为导入、讨论和总结三个阶段。在导入阶段,教师可以通过简短的介绍或提问,激发学生的兴趣;在讨论阶段,教师应引导学生用英语表达观点,鼓励他们积极参与,通过质疑和补充深化讨论;在总结阶段,教师可以对讨论内容进行梳理,归纳核心要点,帮助学生巩固知识。此外,教师还可以邀请外籍英语教师或英语水平较高的学生担任主持人,提供语言示范与引导。通过科学组织活动,教师可以提升英语角的实效性,帮助学生在轻松愉快的氛围中提升语言能力。

3.效果评价

效果评价是英语角活动的重要环节。通过及时的反馈和总结,教师能够发现活动中的亮点和不足,为后续改进提供依据。教师可以通过问卷调查、个别访谈、小组讨论等方式,收集学生的反馈意见,了解他们对活动内容、形式、效果等方面的评价。例如,教师可以设计一份问卷,调研学生对活动话题的兴趣度、对活动的满意度及语言能力的提升效果等。此外,教师还可以结合学生的课堂表现和作业完成情况,综合评估英语角的总体效果。科学的效果评价有助于教师不断优化活动内容和形式,提升学生的参与度和满意度,为英语角的持续发展提供保障。

(二)英语竞赛

英语竞赛是高职英语教学中重要的课外活动形式之一。通过参与各类英语竞赛,学生能够激发学习兴趣,提升语言运用能力和综合素质。

1.竞赛内容

竞赛内容应结合学生的专业背景和兴趣点,选择具有挑战性和实用性的主题,如举办"英语演讲比赛""英语写作大赛""英语辩论赛"等不同类型的比赛。在英语演讲比赛中,学校可以要求学生围绕"我的职业梦想""科技创新与未来"等主题,用英语进行演讲,展示其语言表达能力和思辨能力。在英语写作大赛中,学校可以设定"我的家乡""环保与可持续发展"等主题,要求学生用英语撰写文章,展示其写作能力和创新思维。在英语辩论赛中,学校可以提出"人工智能的利与弊""全球化的影响"等辩题,要求学生用英语进行辩论,展示其逻辑推理能力和团队合作精神。多样化的竞赛内容可以激发学生的参与热情,提升其语言运用能力。

2.竞赛形式

竞赛形式应灵活多样,既包括个人赛,也包括团队赛。在个人赛中,学生可以充分发挥个人特长,展示其语言表达能力和创新能力。例如,在英语演讲比赛中,学生可以独立准备演讲稿,用英语进行演讲。在团队赛中,学生可以分工合作,共同完成任务,展示团队合作能力和集体智慧。例如,在英语辩论赛中,学生可以组成辩论队,分别担任正方和反方,用英语进行辩论。此外,学校还可以邀请外籍英语教师或行业专家担任评委,为比赛提供专业指导和支持。多样化的竞赛形式可以激发学生的参与热情,提升其综合素质。

3.竞赛成果

竞赛成果的展示和表彰是激励学生积极参与竞赛的重要手段。学校可以通过颁发证书、奖品等形式,对获奖学生进行表彰,增强其成就感和自信心。例如,在英语演讲比赛中,可以设置一等奖、二等奖、三等奖等多个奖项,对表现突出的学生进行奖励。在英语写作大赛中,学校可以将优秀作品编辑成册,出版发行,展示学生的写作成果。在英语辩论赛中,学校可以将精彩辩论片段录制下来,上传至学校网站或社交媒体平台,扩大影响力。此外,竞赛成果还可以被纳入学生的综合素质评价体系,作为评优评先的重要依据。科学的竞赛成果展示和表彰,可以激发学生的学习动力,提升其参与积极性,为高职英语教学的持续发展提供有力支持。

第三节 高职英语教学模式分析

一、传统教学模式

传统教学模式在高职英语教学中仍然占据一定地位,尤其在某些基础课程和特定教学场景中依然发挥着重要作用。传统教学模式主要包括语法翻译法和听说法。

(一)语法翻译法

语法翻译法是一种经典的英语教学方法,通过翻译和语法分析,帮助学生掌握语言知识。尽管这种方法在现代教学中受到一些批评,但在特定情况下仍有一定的应用价值。

1. 优点与不足

语法翻译法的优点在于其系统性和结构性。通过详细的语法讲解和大量的翻译练习,学生能够系统地掌握英语语法知识,为后续的学习打下坚实基础。此外,这种方法对于提升学生的阅读理解能力和写作能力也有明显效果。然而,语法翻译法也存在明显的不足。这种方法过于依赖翻译,容易导致学生对母语的依赖,影响其直接运用英语思维的能力。语法翻译法缺乏实际语言运用的训练,学生在口语和听力方面的能力相对较弱。此外,这种方法较为枯燥,容易引起学生的厌学情绪,不利于激发其学习兴趣。

2. 适用场景

语法翻译法适用于初学者和基础薄弱的学生,尤其是在教授复杂的语法结构和长难句时,这种方法能够帮助学生更好地理解和掌握英语知识。例如,在讲解被动语态、虚拟语气等复杂语法点时,教师可以通过详细的语法讲解和翻译练习,帮助学生理清思路,掌握规则。此外,在阅读理解训练中,语法翻译法也能发挥重要作用,通过翻译和分析文章中的难句,帮助学生提升阅读理解能力。

3. 改进措施

为了弥补语法翻译法的不足,教师可以结合其他教学方法,如听说法和任务型教学法,提升学生的语言运用能力。例如,在讲解完某个语法点后,教师可以设计一些口语练习和听力活动,让学生在实际情景中运用所学知识。此外,教师还可以引入多媒体资源和网络平台,丰富教学手段,增强教学的趣味性和互动性。例如,教师通过播放英语电影片段、英语广播等,帮助学生提升听力理解能力;通过组织角色扮演、小组讨论等,提升学生的口语表达能力。这些改进措施可以使语法翻译法更加灵活多样,更好地服务于学生的英语学习。

(二)听说法

听说法是一种以听说训练为主的教学方法,强调通过大量的听说练习来提升学生的语言运用能力。这种方法在现代英语教学中得到了广泛应用,尤其在高职英语教学中,听说法能够有效提升学生的口语和听力水平。

1.理论基础

听说法的理论基础主要来源于行为主义心理学和结构主义语言学。行为主义心理学认为,语言学习是一种行为反应,通过反复练习可以形成稳定的语言习惯。结构主义语言学则强调语言的结构和规则,认为通过系统的听说训练,学生可以更好地掌握语言的音素、音节、词素等基本单位。基于这些理论,听说法主张通过大量的听说练习,帮助学生形成正确的语音、语调和语速,提升其语言运用能力。

2.教学步骤

听说法的教学步骤通常包括以下几个环节:首先是听前准备,教师可以提供一些背景信息和关键词汇,帮助学生做好心理准备;其次是听中练习,教师可以通过播放录音、视频等材料,让学生进行听力训练,同时设计一些听力理解题,检测学生的听力效果;接着是说中练习,教师可以设计一些口语练习活动,如模仿朗读、角色扮演、小组讨论等,让学生在实际情景中练习口语表达;最后是反馈与总结,教师应及时给予学生反馈,指出其在听说练习中的优点和不足,并提出改进建议。通过这些系统的教学步骤,学生能够逐步提升听说能力,增强语言运用的自信心。

3.实践应用

在高职英语教学中,听说法的应用非常广泛。例如,在"商务英语"课程中,教师可以设计模拟商务谈判、电话预约等情景,让学生在实际情景中练习听力理解和口语表达。在"旅游英语"课程中,教师可以设置旅游接待、导游讲解等情景,让学生通过角色扮演提升实际操作能力。此外,教师还可以利用多媒体资源和网络平台,丰富听说训练的形式和内容。例如，教师通过播放英文电影、听英文歌曲、参加在线英语角等活动，帮助学生提升听力理解能力和口语表达能力。通过这些实践应用，学生不仅能够提升听说能力，还能增强跨文化交际意识，为未来的职业发展打下坚实基础。

二、现代教学模式

现代教学模式在高职英语教学中逐渐崭露头角。通过引入信息技术辅助教学和混合式教学，现代教学模式能够有效提升教学效果，更好地满足学生多样化的学习需求。

（一）信息技术辅助教学

信息技术辅助教学是现代教育的重要手段。通过网络资源、多媒体技术和在线学习平台，信息技术辅助教学能够丰富教学内容，增强教学的互动性和趣味性。

1.网络资源

网络资源是信息技术辅助教学的重要组成部分。教师可以利用互联网上的丰富资源，为学生提供多样化的学习材料。例如，教师可以从 CNN（Cable News Network，有线电视新闻网）等权威网站下载纪录片、新闻报道等资源，帮助学生提升听力理解能力并了解国际时事。此外，教师还可以推荐一些专业的英语学习网站，引导学生在课余时间进行自主学习。通过这些网络资源，学生不仅能够接触到真实、地道的英语材料，还能拓宽知识面，提升学习兴趣。

2.多媒体技术

多媒体技术是信息技术辅助教学的重要工具。通过多媒体教室、交互式白板、投影仪等设备，教师可以将文字、图片、声频、视频等多种媒体形式结合起来，丰富教学内容，增强教学的直观性和趣味性。例如，在讲解某个语法点时，教师可以通过播放动画视频，帮助学生更直观地理解抽象的概念；在进行口语训练时，教师可以利用录音设备，让学生录制自己的发音，进行自我评价和改进。此外，教师还可以利用多媒体技术，设计互动性强的教学活动，如在线测验、互动游戏等，提升学生的参与度，提升其学习效果。

3.在线学习平台

在线学习平台是信息技术辅助教学的重要载体。通过在线学习平台，教师可以为学生提供丰富的学习资源和个性化的学习路径。例如，教师可以将课程大纲、教学视频、练习题、参考资料等上传至平台，学生可以根据自己的需求和进度，自主选择学习内容。此外，教师还可以通过在线学习平台，发布作业、进行答疑、组织讨论等，实现师生之间的即时互动。在线学习平台不仅能够提升教学的灵活性和个性化，还能方便教师进行教学管理和效果评估。通过在线学习平台，学生不仅能够获得更多的学习资源，还能提升自主学习能力，为未来的职业发展打下坚实基础。

（二）混合式教学

混合式教学是一种将线上教学与线下教学相结合的教学模式，通过融合自主学习与合作学习，能够有效提升教学效果，满足学生多样化的学习需求。

1.线上与线下相结合

线上线下相结合是混合式教学的核心特点。线上教学部分，教师可以通过网络平台发布课程资源、布置作业、进行答疑等，学生可以根据自己的时间和进度，自主选择学习内容。线下教学部分，教师可以组织课堂讨论、小组合作、实验实训等活动，帮助学生巩固所学知识，提升实际操作能力。例如，在商务英语教学中，教师可以在线上教学部分讲解商务英语的基本知识和技能，如商务信函的写作、商务谈判的技巧等；在线下教学部分，教师可以组织模拟商务谈判、商务会议等活动，让学生在实际情景中练习和应用所学知识。通过线上与线下相结合的教学模式，学生不仅能够获得丰富的学习资源，还能提升实际操作能力和团队合作精神。

2.自主学习与合作学习

自主学习与合作学习是混合式教学的重要手段。自主学习强调学生在教师的指导下，自主选择学习内容和方法，提升学习的主动性和独立性。例如，教师可以为学生提供学习指南和资源目录，让学生根据自己的兴趣和需求，自主选择学习内容。合作学习则强调学生之间的互动和合作，通过小组讨论、项目合作等形式，提升学生的团队合作能力和解决问题能力。例如，教师可以将学生分成若干小组，围绕特定的主题或任务进行讨论和合作，如撰写团队报告、制作幻灯片等。通过自主学习与合作学习的结合，学生不仅能够提升学习效果，还能培养良好的学习习惯和团队合作精神。

3.教学效果评价

教学效果评价是混合式教学的重要环节。教学效果评价主要包括过程性评价和终结性评价两个方面。过程性评价主要通过观察和记录学生在学习过程中的表现，如课堂参与度、小组讨论表现、作业完成情况等，及时给予反馈和指导。例如，教师可以通过在线平台，记录学生的在线学习时间、作业提交情况等，了解学生的学习进度和效果。终结性评价主要通过期末考试、课程论文等形式，全面评估学生的学习成果。例如，教师可以设计综合性的期末考试，涵盖听、说、读、写等各个方面，全面评估学生的语言综合运用能力。此外，教师还可以结合学生的平时表现，综合评定学生的最终成绩，确保评价结果的公正性和全面性。

第二章 地域文化概述

第一节 地域文化的定义与特征

一、地域文化的定义

地域文化是指在特定地理区域内，由地理环境、历史传统和社会习俗等因素共同塑造的一种独特的文化形态。它不仅反映了该地区人民的生活方式、价值观念和行为规范，还体现了该地区在历史发展过程中形成的鲜明文化特征。

（一）地域文化的内涵

1. 地理环境的影响

地理环境是地域文化形成的重要基础。不同的地理条件决定了一个地区的自然资源、气候特征和生态环境，从而影响了当地人民的生产和生活方式。例如，沿海地区的城市，由于海洋资源丰富，渔业和航运业发达，形成了独特的海洋文化；而山区土地贫瘠，农业发展受限，人们更多地依靠手工业和旅游业维持生计，形成了独特的山地文化。地理环境不仅影响了当地的经济结构，还深刻影响了当地的文化习俗和社会风貌。

2. 历史传统的积淀

历史传统是地域文化形成的重要源泉。一个地区的文化传统往往是在长期的历史发展过程中逐渐形成的，这些传统包括语言、宗教、艺术、民俗等各个方面。例如，中国古代的儒家文化在中原地区有着深厚的根基，影响了当地人民的价值观念和行为规范。历史传统的积淀不仅为地域文化提供了丰富的内涵，还为后世的文化传承和发展奠定了坚实基础。许多传统文化节日和民间艺术形式，都是在历史传统的积淀中逐渐形成的，并成为地域文化的重要组成部分。

3.社会习俗的体现

社会习俗是地域文化的重要表现形式。一个地区的社会习俗反映了当地人民的生活方式、价值观念和行为规范，是地域文化的具体体现。例如，北方地区的饮食习俗以面食为主，南方地区的饮食习俗则以米饭为主，这种差异不仅反映了地理环境的影响，还体现了当地人民的生活习惯和文化传统。此外，不同地区的婚丧嫁娶、节日庆典等社会习俗也各具特色，如江南地区的端午龙舟赛、北方地区的春节庙会等，都是地域文化的重要表现形式。社会习俗不仅丰富了地域文化的内涵，还增强了当地人民的文化认同感和归属感。

（二）地域文化的外延

1.文化资源的分布

文化资源是地域文化的重要组成部分，包括物质文化和非物质文化两个方面。物质文化资源主要包括历史遗迹、文物古迹、自然景观等，这些资源不仅具有重要的历史和文化价值，还是旅游业发展的重要基础。例如，北京的故宫、西安的兵马俑、杭州的西湖等，都是著名的文化资源，吸引了大量国内外游客。非物质文化资源主要包括民间艺术、传统技艺、口头传说等，这些资源不仅体现了当地人民的智慧和创造力，还是文化传承和发展的重要手段。例如，京剧、皮影戏、地方传说等，都是非物质文化遗产的重要组成部分，为后世的文化传承和发展提供了宝贵资源。

2.文化产业的现状

文化产业是地域文化的重要支柱，通过文化资源的开发和利用，为地区经济发展和社会进步提供了重要支持。当前，许多地区都在大力发展文化产业，通过文化创意园区、文化旅游、文化会展等形式，推动文化资源的产业化发展。例如，北京的798艺术区、成都的锦里、丝绸之路（敦煌）国际文化博览会等，都是文化产业的重要集聚地，吸引了大量游客和艺术家。此外，许多地区还通过举办各类文化节庆活动，如国际电影节、音乐节、艺术节等，提升了地区文化影响力，促进了文化交流和合作。文化产业的发展不仅为地区带来了经济效益，还促进了文化传承和文化创新，为地域文化的繁荣发展提供了重要动力。

二、地域文化的特征

地域文化具有显著的特征，这些特征不仅反映了地域文化的多样性和丰富性，还体现了地域文化的独特性和包容性。下面对独特性和包容性进行具体介绍：

（一）独特性

1.地域特色的表现

地域特色的表现在于一个地区在地理环境、历史传统和社会习俗等方面形成的独特文化形态。例如，江南水乡的温婉细腻与北方草原的粗犷豪放，都是地域特色的重要表现。江南水乡的水乡文化以其独特的水系、桥梁、园林和古镇而著称，如苏州的园林、水乡古镇等，展现了江南文化的精美和雅致。北方草原的草原文化则以其广阔的草原、奔放的马术和豪迈的民歌而著称，如蒙古族人民的那达慕大会等，展现了草原文化的粗犷和豪放。这些地域特色不仅丰富了中国文化的多样性，还为地域文化的传承和发展提供了重要基础。

2.文化差异的体现

文化差异是地域文化独特性的另一重要表现。不同地区的文化差异不仅体现在语言、宗教、艺术等方面，还体现在社会习俗和价值观念等方面。例如，东北地区的方言与西南地区的方言截然不同，东北人直爽豪迈的性格与西南人温和细腻的性格也大相径庭。这些文化差异不仅反映了不同地区的自然环境和社会历史的影响，还体现了不同地区人民的社会习俗和价值观念的差异。文化差异的存在不仅丰富了中国文化的多样性，还促进了不同文化之间的相互了解和借鉴，为地域文化的繁荣发展提供了重要动力。

3.独立发展的轨迹

独立发展的轨迹是指一个地区在历史发展过程中形成的独特的文化发展路径。不同地区的文化发展路径各不相同，这不仅反映了地理环境和历史传统的影响，还体现了社会变革和文化创新的作用。例如，中原地区的儒家文化体系在历史上长期占据主导地位，深刻影响了中国数千年的文化格局；而西南地区的少数民族文化则在相对封闭的环境中独立发展，形成了独具民族特色的文化形态。这些差异化发展轨迹不仅为地域文化的传承和发展提供了重要基础，还为地域文化的创新和变革提供了重要动力。通过研究不同地区的文化发展轨迹，人们可以更深入地理解地域文化的独特性和多样性特征，为地域文化的传承和发展提供科学依据。

（二）包容性

1. 多元文化的融合

多元文化的融合是地域文化包容性的重要表现。在历史发展过程中，不同地区的文化不断交流和融合，形成了多元共生的文化格局。例如，丝绸之路的开通，不仅促进了东西方的经济贸易，还促进了不同文化的交流和融合。沿线的各个地区，如新疆的多民族文化、甘肃的敦煌文化等，都受到了外来文化的影响，形成了独特的文化形态。多元文化的融合不仅丰富了地域文化的内涵，还促进了不同文化之间的相互了解和借鉴，为地域文化的繁荣发展提供了重要基础。

2. 文化交流的互动

文化交流的互动是地域文化包容性的另一重要表现。通过多种形式的文化交流活动，不同地区的文化得以相互了解和借鉴，促进了文化的多样性和包容性。例如，国际文化节、国际学术会议、国际艺术展览等，通过这些活动，不同国家和地区的人们可以相互了解和学习对方的文化，促进文化的多样性和包容性。国内交流主要包括跨地区的文化交流活动，如文化巡展、文艺演出、学术研讨等，通过这些活动，不同地区的人们可以相互了解和学习对方的文化，促进文化的传播和共享。地区交流主要包括地区内部的文化交流活动，如社区文化活动、学校文化活动等，通过这些活动，地区内部的人们可以相互了解和学习对方的文化，促进文化的传承和发展。多种形式的文化交流可以增强地域文化的影响力和竞争力，为地域文化的繁荣发展提供重要支持。

3. 文化创新的动力

文化创新是地域文化包容性的重要动力。在历史发展过程中，不同地区的文化不断交流和融合，形成了新的文化形态和文化产品。例如，现代城市的新兴文化产业，如数字艺术、创意设计、影视制作等产业，都是在传统文化的基础上，结合现代科技和市场需求，创新发展的结果。这些新兴文化产业不仅为地区经济发展提供了新的增长点，还为地域文化的传承和发展提供了新的动力。此外，许多传统艺术形式，如京剧、昆曲、花鼓戏等，也在不断地创新和发展，通过新的表现形式和传播手段，吸引了更多的年轻观众。文化创新不仅丰富了地域文化的内涵，还增强了地域文化的吸引力和竞争力，为地域文化的繁荣发展提供了重要动力。

总之，地域文化具有独特的内涵和外延，其独特性和包容性是地域文化的重要特征。在地域文化背景下，高职英语教学应充分挖掘和利用地域文化的丰富资源，通过多样化的教学方法和手段，培养学生的跨文化交际能力和综合素质，为他们未来的职业发展打下坚实基础。此外，传承和发展我国的地域文化，不仅可以丰富高职英语教学的内容和形式，还可以增强学生的文化认同感和归属感，为他们的全面发展提供有力支持。

第二节 我国不同地区的文化特色及其在高职英语教学中的应用

我国幅员辽阔，不同地区拥有独特的地理环境、历史传统和社会习俗，形成了丰富多彩的地域文化。这些文化特色不仅丰富了中华民族的文化遗产，也为高职英语教学提供了宝贵的资源。

一、南方地区文化特色及其在高职英语教学中的应用

南方地区因其独特的地理环境和历史传统，形成了丰富多彩的文化特色。其中，江南水乡文化和岭南文化尤为典型。

（一）江南水乡文化

1.水乡建筑风格

江南水乡的建筑风格以其独特的韵味和精致的工艺而著称。典型的江南水乡建筑多采用木质结构，屋顶呈坡形，屋檐翘起，形成一种轻盈飘逸的美感。建筑外墙多用青砖灰瓦，色彩淡雅，与周围的自然环境和谐统一。例如，苏州园林以其精美的亭台楼阁、曲折的回廊、精致的假山和清澈的池塘，展现了江南水乡建筑的独特魅力。这些园林不仅是中国古代园林艺术的典范，也是江南水乡文化的重要象征。

在高职英语教学中，教师可以通过介绍江南水乡的建筑风格，让学生了解中国传统文化中的美学理念。教师可以组织学生参观苏州园林，或者通过多媒体设备展示苏州园林的图片，引导学生用英语描述苏州园林的建筑特点和文化内涵。这种实践不仅能够提升学生的语言表达能力，还能增强他们对中国传统文化的理解和认同。

2.水乡民俗风情

江南水乡的民俗风情丰富多彩，反映了当地人民的生活方式和价值观念。例如，江南水乡的水上居民以船为家，长期生活在水域环境中，形成了独特的水上生活习俗。每年的端午节，江南水乡都会举行盛大的龙舟赛，这是当地最重要的民俗活动之一。龙舟赛不仅是对屈原的纪念，也承载着对水资源的敬畏与祈福，体现了江南人民与自然环境的共生关系。此外，江南水乡还有许多其他的民俗活动，如荷花节期间的泛舟赏莲等，这些活动不仅丰富了当地人民的文化生活，也传承了江南水乡的文化传统。

在高职英语教学中，教师可以通过介绍江南水乡的民俗活动，让学生了解中国传统节日的文化意义。教师可以组织学生参与或模拟这些民俗活动，并用英语进行描述和交流。这种互动式教学不仅能够提升学生的语言应用能力，还能培养他们的跨文化理解能力和团队合作精神。

3.水乡文化传承

江南水乡文化的传承不仅体现在传统的建筑风格和民俗风情上，还体现在现代的文化保护和创新发展中。近年来，许多地方政府和文化机构积极采取措施，加强对江南水乡文化的保护和传承工作。此外，许多高校和研究机构也开展了对江南水乡文化的系统研究，通过文化教育、学术研究、文化传播等多种途径，推动江南水乡文化的传承和发展。

在高职英语教学中，教师可以通过介绍江南水乡文化保护和传承的案例，让学生了解文化保护的重要性。教师可以邀请相关领域的专家开展专题讲座，或者组织学生参观文化保护项目，引导学生用英语讨论文化保护的意义和方法。这种教学方式不仅能够拓宽学生的知识视野，还能激发他们对文化保护的热情和责任感。

（二）岭南文化

1.岭南历史变迁

岭南地区位于我国南部，包括广东、广西、海南等地，历史悠久，文化灿烂。岭南地区的文化变迁经历了多个重要阶段。秦汉时期，岭南地区开始被纳入中原王朝的版图，中原文化逐渐传入岭南，与本土文化相融合，形成了独特的岭南文化。唐宋时期，岭南地区的经济和文化得到了迅速发展，广州逐渐成为重要的对外贸易港口，岭南文化在与外来文化的交流中不断丰富和发展。明清时期，广州十三行成为全球贸易网络的重要节点，岭南文化在中西文化碰撞中吸收了许多新的元素。20世纪70年代末以来，岭南地区成为中国改革开放的前沿阵地，广州、深圳等城市迅速崛起，岭南文化在现代化进程中焕发出新的活力。

在高职英语教学中，教师可以通过介绍岭南地区的历史变迁，让学生了解中国南方地区的文化发展脉络。教师可以组织学生阅读相关历史文献或观看纪录片，引导学生用英语讨论岭南文化的特点和影响。这种教学方式不仅能够提升学生的语言理解能力，还能培养他们的历史意识和文化素养。

2.岭南民俗活动

岭南地区的民俗活动丰富多彩，反映了当地人民的生活方式和文化传统。例如，每年的春节期间，岭南地区都会举办盛大的迎春花市，这是当地重要的民俗活动之一。迎春花市不仅是花卉交易的场所，更是岭南文化的重要展示窗口，集中呈现了岭南传统插花技艺与节庆文化符号。此外，岭南地区还有舞火狮、舞火龙等特色活动，这些非物质文化遗产不仅丰富了居民文化生活，更承载着族群记忆与文化基因。

3.岭南艺术形式

岭南地区的艺术形式独具特色，涵盖了绘画、音乐、戏剧等多个领域。岭南画派是中国画的重要流派之一，以写意山水和花鸟画著称，代表人物有高剑父、陈树人等。岭南画派的作品以其独特的笔墨技法和鲜明的地方特色而闻名，反映了岭南地区的自然风光和人文情怀。岭南音乐以其悠扬的旋律和浓郁的地方特色而著称，代表作品有《雨打芭蕉》等。岭南音乐不仅在中国音乐史上占有重要地位，还深受国际音乐界的喜爱。岭南戏剧以粤剧为代表，粤剧以其优美的唱腔、精湛的表演和丰富的剧目而著称。粤剧不仅在岭南地区广受欢迎，还在东南亚和世界各地的华人社区中有着广泛的影响力。

二、北方地区文化特色及其在高职英语教学中的应用

北方地区因其独特的地理环境和历史传统，形成了丰富多彩的文化特色。其中，东

北文化和华北文化尤为典型。

（一）东北文化

1.东北方言特点

东北方言是中国北方方言的重要分支，以其独特的语音、词汇和语法特点而著称。东北方言的语音特点是声母发音清晰、韵母开口度大，整体音色洪亮，具有较强的感染力。例如，儿化音在东北方言中使用频率高且分布广泛，许多词语在发音时会加上"儿"音，如"花儿""门儿"等。东北方言的词汇特点是以简洁生动为主，许多词语都具有鲜明的地方特色，如"老铁"表示朋友、"唠嗑"表示聊天等。东北方言的语法特点是以口语化表达为主，句式结构灵活，省略现象普遍，易于理解和使用。东北方言不仅反映了东北人民的豪迈性格和直率表达方式，还体现了东北地区的地域特色和文化传统。

在高职英语教学中，教师可以通过介绍东北方言的特点，让学生了解中国北方地区的语言文化。教师可以组织学生学习东北方言的基本词汇和句型，并用英语进行翻译和表述。这种跨语言教学不仅能够提升学生的语言转换能力，还能增强他们对地方语言文化的认识和尊重。

2.东北民俗风情

东北地区的民俗风情丰富多彩，反映了当地人民的生活方式和价值观念。例如，东北地区的冬季寒冷漫长，因此冰雪文化成为东北民俗的重要组成部分。每年冬季，东北地区都会举行大型冰雪主题活动，如中国·哈尔滨国际冰雪节等，这些活动不仅展示了东北地区的自然景观，还传承了以冰雪为载体的地域文化。此外，东北地区还有许多其他的民俗活动，如东北大秧歌、二人转等，这些活动不仅丰富了当地人民的文化生活，也传承了东北地区的文化传统。

3.东北民间艺术

东北地区的民间艺术形式多样，涵盖了剪纸、泥塑、皮影等多个领域。东北剪纸以其独特的造型和精湛的技艺而著称，代表性传承人有李宝凤、于克群等。东北剪纸不仅在中国剪纸艺术中占有重要地位，还深受国际艺术界的关注。东北泥塑以其生动的形象和鲜明的地方特色著称，代表性艺术家有郝凤玲、张金东等。东北泥塑不仅反映了东北人民的生活状态和精神风貌，还体现了东北地区的地域特色和文化传统。东北皮影戏又称"此地影""照条儿"，以其独特的影偶造型和程式化表演而著称。东北皮影不仅在中国皮影艺术中占有重要地位，还深受国际艺术界的喜爱。

（二）华北文化

1.华北历史遗迹

华北地区是中国古代文明的重要发源地之一，拥有丰富的历史遗迹。例如，北京市的故宫、长城、天坛等，是中国古代建筑的杰出代表，展示了中国古代的建筑技术和艺术成就。河北省的承德避暑山庄、清西陵等，是中国古代皇家园林和陵寝的典范，展示了中国古代的园林艺术和陵寝文化。山西省的云冈石窟、晋祠等，是中国古代石窟艺术和祠堂建筑的杰出代表，展示了中国古代的石窟艺术和祠堂文化。这些历史遗迹不仅是中国古代文明的重要见证，也是中华民族文化宝库中的重要组成部分。

在高职英语教学中，教师可以通过介绍华北地区的历史遗迹，让学生了解中国北方地区的文化遗产。教师可以组织学生参观这些历史遗迹，或者通过多媒体展示遗迹图片，引导学生用英语描述遗迹的特点和文化内涵。这种实践不仅能够提升学生的语言表达能力，还能增强他们对历史文化的理解力和认同感。

2.华北民俗活动

华北地区的民俗活动丰富多彩，反映了当地人民的生活方式和价值观念。例如，每年的春节期间，华北地区都会举办具有地方特色的庙会活动，如北京的地坛庙会、天津的古文化街庙会等，这些活动不仅展示了华北地区的传统文化，还丰富了当地人民的文化生活。此外，华北地区还有许多其他的民俗活动，如打树花等，这些活动不仅丰富了当地人民的文化生活，也传承了华北地区的文化传统。

3.华北饮食文化

华北地区的饮食文化丰富多彩，反映了当地人民的生活方式和价值观念。例如，北京烤鸭、炸酱面、豆汁儿等，天津狗不理包子、耳朵眼炸糕等，河北驴肉火烧、豆腐脑等，分别以其独特的风味和精湛的制作工艺而著称，成为各地饮食文化的区域饮食文化的标志性符号。这些饮食文化不仅丰富了当地人民的日常生活，也传承了华北地区的文化传统。

在高职英语教学中，教师可以通过介绍华北地区的饮食文化，让学生了解中国北方地区的饮食习惯。教师可以组织学生品尝这些特色美食，或者观看烹饪视频，引导学生用英语描述食物的味道和制作过程。这种实践不仅能够提升学生的语言表达能力，还能增强他们对饮食文化的理解和兴趣。

综上所述，我国不同地区的文化特色丰富多彩，这些文化特色不仅丰富了中华民族的非物质文化遗产体系，也为高职英语教学提供了宝贵的资源。在地域文化背景下，高职英语教学应充分挖掘和利用这些文化资源，通过对我国地域文化的传承和发展，教师不仅可以丰富高职英语教学的内容和形式，还可以增强学生的文化认同感和归属感，为他们的全面发展提供有力支持。

第三节 地域文化在高职英语教学中的价值

高职英语教学作为职业教育体系的重要组成部分，长期以来面临着教学内容与区域产业需求脱节、学生跨文化交际能力薄弱等问题。地域文化的融入为高职英语教学提供了新的视角和方法，不仅能够促进语言学习与文化理解的深度融合，还能增强教学的实践性与趣味性，同时拓展教学资源的多样性。本章将从这三个方面系统探讨地域文化在高职英语教学中的核心价值，为教学改革提供理论依据和实践指导。

一、促进语言学习与文化理解的融合

语言与文化密不可分，语言是文化的载体，文化是语言的内涵。地域文化作为特定区域内的历史传统、民俗风情、产业特征和语言符号的总和，为语言学习提供了丰富的语义场域和文化语境。

（一）语言与文化的共生关系

地域文化中的方言、民俗、产业术语等元素，为英语教学提供了独特的文化视角。例如，地方特色词汇的翻译不仅涉及语言转换，还需要考虑文化背景的传递。这种语言与文化的共生关系，使得学生在学习语言的同时，能够深入理解文化内涵，从而提升语言运用的准确性和得体性。

（二）文化语义的教学转化

地域文化的融入使语言学习从单纯的词汇、语法教学转向文化语义的深度解析。通过将地方文化元素转化为教学资源，教师可以帮助学生理解语言现象背后的文化逻辑。例如，地方传统节日、民俗活动的英语表达，不仅涉及词汇的学习，还需要学生理解其文化象征意义和社会功能。这种教学方式能够有效提升学生的文化敏感性和跨文化交际能力。

（三）文化对比与认知拓展

地域文化的引入为语言学习提供了文化对比的视角。通过比较中外文化的异同，学生能够更好地理解语言使用的文化背景，避免跨文化交际中的语用失误。例如，地方饮食文化的英语表达不仅涉及菜名的翻译，还需要学生理解其背后的饮食哲学和社会习俗。这种文化对比的学习方式，能够帮助学生构建多元文化认知框架，提升语言学习的深度和广度。

二、增强高职英语教学的实践性与趣味性

地域文化的融入为高职英语教学提供了丰富的实践场景和趣味性元素，使教学更加贴近学生的生活经验和职业需求。

（一）实践性教学的创新路径

地域文化为高职英语教学提供了真实的实践场景。通过将地方产业特色、民俗活动等融入教学内容，教师可以设计出贴近实际的语言任务。例如，结合地方特色产业设计商务英语实训项目，或利用地方旅游资源开展旅游英语实践教学。这种教学方式不仅能够提升学生的语言应用能力，还能增强其职业素养和岗位适应能力。

（二）趣味性教学的设计策略

地域文化的独特性和多样性为英语教学注入了趣味性元素。通过将地方文化故事、民俗活动等转化为教学素材，教师可以设计出富有吸引力的教学活动。例如，利用地方

传统节日设计英语情景剧，或通过地方特色美食开展英语口语训练。这种趣味性教学能够激发学生的学习兴趣，提升课堂参与度，从而提升教学效果。

（三）教学模式的多元化发展

地域文化的融入推动了高职英语教学模式的多元化发展。通过结合地方文化资源，教师可以灵活运用项目式教学、情景模拟教学、任务驱动教学等多种方法，使教学更加生动有趣。例如，利用地方文化遗址开展英语导览实训，或结合地方产业特色设计英语创新创业项目。这种多元化的教学模式能够满足不同学生的学习需求，提升教学的针对性和有效性。

三、拓展高职英语教学资源的多样性

地域文化的丰富性和独特性为高职英语教学提供了多样化的资源支持，使教学内容更加贴近区域经济和社会发展的实际需求。

（一）校本教材的开发与利用

地域文化为校本教材的开发提供了丰富的素材。通过挖掘地方文化资源，教师可以编写出具有地方特色的英语教材。例如，结合地方历史、民俗、产业等元素设计专题模块，或开发地方文化英语读本。这种校本教材不仅能够丰富教学内容，还能增强学生的学习兴趣和文化认同感。

（二）数字化资源的建设与应用

地域文化的数字化转化为高职英语教学提供了新的资源形式。通过利用虚拟现实（VR）、增强现实（AR）等技术，教师可以开发出沉浸式的文化英语学习资源。例如，制作地方文化主题的英语学习APP，或开发地方文化遗址的虚拟导览系统。这种数字化资源能够突破时间和空间的限制，为学生提供更加灵活和便捷的学习方式。

（三）社会资源的整合与共享

地域文化的融入促进了高职院校与社会资源的深度合作。通过与企业、文化机构等建立合作关系，学校可以整合地方文化资源，构建开放式的教学平台。例如，与地方博物馆合作开发文化英语课程，或与地方企业共建实训基地。这种社会资源的整合不仅能够丰富教学内容，还能提升教学的实践性和实用性。

地域文化在高职英语教学中的价值体现在多个层面：它不仅促进了语言学习与文化理解的深度融合，还增强了教学的实践性与趣味性，同时拓展了教学资源的多样性。这种文化融入的教学模式，不仅能够提升学生的语言能力和跨文化素养，还能为其职业发展奠定坚实的基础。未来，随着地域文化资源的进一步挖掘和利用，高职英语教学将迎来更加广阔的发展空间，为培养具有文化自信和国际视野的技术技能型人才提供有力支撑。

第三章 地域文化背景下的高职英语教学现状

第一节 教学模式的应用与探索

一、传统教学模式的应用

传统教学模式在高职英语教学中仍然占据重要地位，但在地域文化背景下存在一定的局限性。本部分将重点讨论讲授式教学、填鸭式教学和应试教育倾向的现状与局限，并提出相应的改革策略。

（一）讲授式教学

1. 讲授式教学的普遍应用

讲授式教学是高职英语教学中常见的教学模式之一，教师通过口头讲解、板书演示等方式向学生传授知识和技能。这种教学模式在高职英语教学中应用广泛，尤其是在基础英语课程和专业英语课程中具有较高的普及率。讲授式教学的优势在于教师能够系统地传授知识，保证教学内容的完整性和连贯性，适合大班授课和标准化教学。例如，在讲解英语语法时，教师可以通过详细的讲解和例句示范，帮助学生理解和掌握语法规则；在讲解英语阅读材料时，教师可以通过逐段解析和关键点强调，帮助学生提升阅读理解能力。

2. 讲授式教学在地域文化背景下的局限性

尽管讲授式教学在知识传授方面具有一定优势，但在地域文化背景下存在一些局限性。讲授式教学往往以教师为中心，容易忽视学生的主体性和主动性，难以激发学生的学习兴趣和参与度。讲授式教学通常采用单向传授的方式，缺乏师生互动和生生互动，不利于培养学生的批判性思维和创新能力。同时，讲授式教学的内容往往局限于课本知识，缺乏与地域文化的紧密结合，难以增强学生对地域文化的认知和理解。例如，教师在讲解江南水乡文化时，如果仅限于课本上的文字描述，学生就很难真正感受到水乡文化的独特魅力和深厚底蕴。

3.讲授式教学改革的探索

为了克服讲授式教学在地域文化背景下的局限性，教师可以尝试以下几种改革策略：

第一，增加师生互动和生生互动的机会。例如，教师可以设置问答环节、小组讨论、角色扮演等，激发学生的学习兴趣和参与度。

第二，引入案例教学和情景教学，将地域文化元素融入教学内容中。例如，教师可以通过模拟水乡导游、岭南美食介绍等情景，帮助学生在实际应用中理解和掌握英语知识。

第三，利用多媒体和网络资源，丰富教学手段和教学内容。例如，教师可以播放与地域文化相关的视频、声频，展示与地域文化相关的图片、地图，增强教学的直观性和生动性。

通过这些改革策略，教师可以提升讲授式教学的有效性和吸引力，增强学生的文化素养和跨文化交际能力。

（二）填鸭式教学

1.填鸭式教学的现状及其问题

填鸭式教学是一种以教师为中心、以知识灌输为主要手段的教学模式，强调学生对知识的记忆和背诵。在高职英语教学中，填鸭式教学仍然较为普遍，尤其是在学生应对考试和教师完成教学任务时。填鸭式教学的优势在于能够在短时间内传授大量知识，保证教学进度和教学效果。然而，这种教学模式存在诸多问题。首先，填鸭式教学忽视了学生的主体性和主动性，容易导致学生的学习兴趣和积极性下降。其次，填鸭式教学过度依赖记忆和背诵，忽视了学生的思维能力和实践能力，难以培养学生的创新精神和实际操作能力。最后，填鸭式教学的内容往往局限于应试知识，缺乏与实际应用和地域文化的结合，难以培养学生的综合素养和跨文化交际能力。

2.填鸭式教学对地域文化传播的影响

填鸭式教学对地域文化传播产生了负面影响。填鸭式教学过度强调知识的记忆和背诵，忽视了学生对地域文化的认知和理解，难以激发学生对地域文化的兴趣和热情。填鸭式教学缺乏与实际应用和地域文化的结合，难以培养学生的实际操作能力和跨文化交际能力，难以实现对地域文化的传播和发展。填鸭式教学过于注重应试效果，忽视了学生的综合素质和长远发展，难以培养学生的文化素养和跨文化交际能力。例如，教师在讲解岭南文化时，如果仅限于让学生记忆和背诵相关知识点，学生就很难真正理解和欣赏岭南文化的独特魅力和深厚底蕴。

3.改变填鸭式教学的策略

为了克服填鸭式教学在地域文化传播中的局限性，教师可以尝试以下几种改革策略：第一，转变教学理念，从知识灌输转向能力培养，注重学生的思维能力和实践能力的提升。第二，引入探究式学习和项目式学习，鼓励学生主动探索和解决问题。例如，教师可以设置与地域文化相关的研究课题和项目任务，帮助学生在实际探究中提升语言运用能力和文化理解能力。第三，利用多媒体和网络资源，丰富教学手段和教学内容。通过这些改革策略，教师可以提升教学的有效性和吸引力，增强学生的文化素养和跨文化交际能力。

（三）应试教育倾向

1.应试教育在高职英语教学中的体现

应试教育是一种以考试为导向、以分数为目标的教学模式，强调学生对考试知识的掌握和应试技巧的训练。在高职英语教学中，应试教育倾向仍然较为明显，尤其是在学生应对全国大学英语四、六级考试和职业资格考试时。应试教育的优势在于能够在短期内提升学生的考试成绩，保障教学效果和学生就业竞争力。然而，这种教学模式也存在诸多问题。首先，应试教育过度强调考试知识和应试技巧，忽视了学生的综合素质和实际应用能力，难以培养学生的创新精神和实际操作能力。其次，应试教育忽视了学生的兴趣和需求，容易导致学生的学习兴趣和积极性下降。最后，应试教育过于注重短期效果，忽视了学生的长远发展和终身学习能力，难以培养学生的可持续发展能力。

2.应试教育对地域文化传播的负面影响

应试教育对地域文化传播产生了负面影响。首先，应试教育过度强调考试知识和应试技巧，忽视了学生对地域文化的认知和理解，难以激发学生对地域文化的兴趣和热情。其次，应试教育缺乏与实际应用和地域文化的结合，难以培养学生的实际操作能力和跨文化交际能力，难以实现对地域文化的传播和发展。最后，应试教育过于注重短期效果，忽视了学生的长远发展和终身学习能力，难以培养学生的文化素养和跨文化交际能力。例如，教师在讲解江南水乡文化时，如果仅限于让学生记忆和背诵相关知识点，学生就很难真正理解和欣赏江南水乡文化的独特魅力和深厚底蕴。

3.转变应试教育观念的途径

为了克服应试教育在地域文化传播中的局限性，教师可以尝试以下几种改革策略：

第一，转变教学理念，从应试导向转向能力培养，注重对学生的综合素质和实际应用能力的培养。

第二，引入素质教育和终身教育的理念，注重学生的兴趣和需求，通过项目式学习、文化探究活动等方式，鼓励学生主动探索和终身学习。

第三，利用多媒体和网络资源，整合地域文化素材，丰富教学手段和教学内容。

通过这些改革策略，教师可以提升教学的有效性和吸引力，增强学生的文化素养和跨文化交际能力，进而推动地域文化的传承与创新。

二、现代教学模式的探索

现代教学模式在高职英语教学中逐渐受到重视，通过信息技术辅助教学、项目驱动教学和翻转课堂教学等模式，可以有效提升教学效果，促进地域文化的传播与发展。

（一）信息技术辅助教学

1.信息技术在高职英语教学中的应用

信息技术在高职英语教学中的应用越来越广泛，通过多媒体课件、网络平台、移动应用等手段，可以丰富教学手段和教学内容，提升教学效果。例如，教师可以利用多媒体课件展示与地域文化相关的图片、视频、声频，增强教学的直观性和生动性；可以利用网络平台搭建在线学习社区，提供丰富的学习资源和互动交流机会；可以利用移动应用开展课外学习和自主学习，提升学生的学习兴趣，提升学习效果。通过信息技术的应用，教师可以突破传统教学的时间和空间限制，实现教学资源的共享和教学过程的互动。

2.信息技术辅助教学对地域文化的促进作用

信息技术在地域文化传播中发挥了重要作用。信息技术可以丰富教学内容，提供多样化的学习资源，如历史文献、田野调查记录、网络和媒体资源等，帮助学生全面了解和认识地域文化。信息技术可以增强教学的直观性和生动性，通过多媒体课件、虚拟现实技术等手段，帮助学生身临其境地感受和体验地域文化。信息技术可以促进师生互动和生生互动，通过在线学习社区、互动平台等手段，帮助学生分享学习心得和交流学习经验，提升学习效果。例如，通过虚拟现实技术，学生可以模拟参观江南水乡的古典园林，感受水乡文化的独特魅力；通过在线学习社区，学生可以分享与地域文化相关的学习资源和学习心得，提升文化素养和跨文化交际能力。

3.信息技术辅助教学的挑战与对策

尽管信息技术在高职英语教学中发挥了重要作用，但也面临着一些挑战。信息技术的应用需要教师具备较高的信息技术能力和教学设计能力，部分教师在这方面存在能力不足的问题。信息技术的应用需要学校提供相应的硬件设施和软件支持，部分学校在这方面投入不足。信息技术的应用需要学生具备较高的自主学习能力和信息素养，部分学生在这方面与其他同学存在差距。为了应对这些挑战，教师应加强信息技术培训，提升信息技术素养和教学设计能力；学校应加大信息技术投入，提供完善的硬件设施和软件支持；学生应提升自主学习能力，提升信息素养和学习效果。这些对策可以充分发挥信息技术在高职英语教学中的作用，促进地域文化的传播与发展。

（二）项目驱动教学

1.项目驱动教学的定义

项目驱动教学是一种以项目为核心、以学生为主体、以能力培养为目标的教学模式。在高职英语教学中，项目驱动教学通过设置与地域文化相关的研究课题和项目任务，帮助学生在实际探究中提升语言运用能力和文化理解能力。

2.项目驱动教学在地域文化背景下的作用

项目驱动教学在地域文化背景下发挥了重要作用。项目驱动教学可以激发学生的学习兴趣和参与度，通过设置与地域文化相关的研究课题和项目任务，帮助学生主动探索和解决问题，提升学习效果。项目驱动教学可以培养学生的创新精神和实际操作能力，通过实际探究和项目实施，帮助学生掌握研究方法和实践技能，提升综合素质。项目驱动教学可以促进师生互动和生生互动,通过小组合作和团队协作,帮助学生分享学习心得和交流学习经验,提升学习效果。

3.项目驱动教学的优化建议

为了进一步优化项目驱动教学法,教师可以尝试以下几种策略:

第一,精心设计项目任务,确保项目的可行性和有效性,如设置明确的研究目标和具体的研究方法,提供必要的指导和支持。

第二,加强师生互动和生生互动,通过小组讨论、项目汇报、成果展示等手段,帮助学生分享学习心得和交流学习经验,提升学习效果。

第三,利用信息技术和网络资源,丰富教学手段和教学内容,如利用网络平台搭建在线学习社区,提供丰富的学习资源和互动交流机会。

通过这些优化建议,教师可以提升项目驱动教学法的有效性和吸引力,促进地域文化的传播与发展。

(三)翻转课堂教学

1.翻转课堂在高职英语教学中的实践

翻转课堂教学是一种以学生为主体、以自主学习和合作学习为核心的教学模式。在高职英语教学中,翻转课堂教学通过课前自主学习和课中互动交流,帮助学生提升语言运用能力和文化理解能力。例如,教师可以在课前通过网络平台发布与地域文化相关的学习资源和学习任务,要求学生自主预习;在课中通过小组讨论、角色扮演、项目展示等手段,帮助学生巩固和应用所学知识。通过这种翻转课堂教学模式,学生不仅能够提升语言运用能力,还能增强自主学习能力和合作学习能力。

2.翻转课堂教学对地域文化的推动作用

翻转课堂教学在地域文化背景下发挥了重要作用。翻转课堂教学可以激发学生的学习兴趣和参与度,通过课前自主学习和课中互动交流,帮助学生主动探索和解决问题,提升学习效果。翻转课堂教学可以培养学生的自主学习能力和合作学习能力,通过课前自主学习和课中互动交流,帮助学生掌握学习方法和合作技能,提升综合素质。翻转课堂教学可以促进师生互动和生生互动,通过小组讨论、项目展示、成果分享等手段,帮助学生分享学习心得和交流学习经验,提升学习效果。例如,针对"东北文化研究"项目,学生可以在课前通过网络平台自主学习东北方言、东北民俗、东北民间艺术等内容,在课中通过小组讨论和项目展示，分享学习心得和交流学习经验，提升文化素养和跨文化交际能力。

3.翻转课堂教学的完善与发展

为了进一步完善和发展翻转课堂教学，教师可以尝试以下几种策略：

第一，精心设计课前学习资源和学习任务，确保资源的丰富性和任务的可行性。例如，教师可提供丰富的学习材料和明确的学习指南，帮助学生高效完成课前学习。

第二，加强课中互动交流和合作学习，通过小组讨论、角色扮演、项目展示等手段，帮助学生巩固和应用所学知识，提升学习效果。

第三，利用信息技术和网络资源，丰富教学手段和教学内容。例如，教师可利用网络平台搭建在线学习社区，为学生提供丰富的学习资源和互动交流机会。

通过这些完善和发展策略，教师可以提升翻转课堂教学的有效性和吸引力，促进地域文化的传播与发展。

总之，在地域文化背景下，高职英语教学应积极探索和应用现代教学模式，通过信息技术辅助教学、项目驱动教学和翻转课堂教学等模式，提升教学效果，促进地域文化的传播与发展。这些现代教学模式不仅能够提升学生的英语水平和跨文化交际能力，还能增强学生的综合素质，为他们未来的职业发展打下坚实基础。

第二节 教学方法的创新与优化

一、课堂教学方法的创新

（一）案例教学法

1.案例教学法在高职英语教学中的应用

案例教学法是一种通过具体案例引导学生分析和解决问题的教学方法。在高职英语教学中，案例教学法可以有效地将地域文化元素融入教学内容中，帮助学生在实际情景中理解和应用英语知识。教师可以选择与地域文化相关的案例，如江南水乡的古典园林、岭南地区的民俗活动、东北地区的冰雪文化等，通过案例分析和讨论，帮助学生了解和掌握相关的文化背景知识和语言表达。例如，通过分析苏州园林的建筑设计和历史背景，学生不仅可以提升英语阅读能力和英语写作能力，还能深入了解江南水乡的文化特色和历史渊源。

2.案例教学法的效果分析

案例教学法在高职英语教学中取得了显著效果。案例教学法能够提升学生的学习兴趣和参与度，通过具体的案例分析和讨论，学生更容易理解和记忆相关知识。案例教学法能够培养学生的批判性思维和创新能力，通过分析和解决实际问题，学生可以提升分析问题和解决问题的能力。案例教学法能够增强学生的跨文化交际能力，通过了解和分析不同地域的文化，学生可以更好地理解和尊重不同文化，提升跨文化交际能力。例如，通过分析岭南地区的民俗活动，学生可以了解和尊重岭南地区的文化传统，提升与岭南地区人士交流的能力。

3.案例教学法的改进方向

尽管案例教学法在高职英语教学中取得了显著效果，但仍存在一些需要改进的问题。案例的选择和设计需要更加贴近学生的实际需求和兴趣，确保案例的实用性和吸引力。例如，教师可以结合学生的专业背景和职业需求，选择与学生未来工作相关的案例，如商务英语中的跨文化商务谈判案例。案例教学法需要加强师生互动和生生互动，通过小组讨论、案例汇报、角色扮演等手段，帮助学生更好地理解和应用所学知识。案例教学法需充分利用信息技术和网络资源，丰富教学手段和教学内容。例如，教师利用多媒体课件展示案例背景，利用网络平台为学生提供丰富的学习资源和互动交流机会。通过这些改进，教师可以进一步提升案例教学法的有效性和吸引力，促进地域文化的传播与发展。

（二）任务型教学法

1.任务型教学法的设计与实施

任务型教学法是一种以任务为核心、以学生为主体、以能力培养为目标的教学方法。在高职英语教学中，任务型教学法通过设置与地域文化相关的任务，帮助学生在实际应用中提升语言运用能力和文化理解能力。通过这种任务型教学法，学生不仅能够提升语言运用能力，还能增强文化理解能力和实际操作能力。

2.任务型教学法在地域文化传播中的价值

任务型教学法在地域文化传播中发挥了重要作用。任务型教学法可以提升学生的学习兴趣和参与度，通过设置与地域文化相关的任务，帮助学生主动探索和解决问题，提升学习效果。任务型教学法可以培养学生的创新精神和实际操作能力，通过实施任务和实际探究，帮助学生掌握研究方法和实践技能，提升综合素质。任务型教学法可以促进师生互动和生生互动，通过小组合作和团队协作，帮助学生分享学习心得和交流学习经验，提升学习效果。

3.任务型教学法的实施难点与解决方案

尽管任务型教学法在高职英语教学中取得了显著效果，但在实施过程中仍面临一些难点。任务的设计和实施需要教师具备较高的教学设计能力和指导能力，部分教师在这方面存在不足。任务的完成需要学生具备较高的自主学习能力和合作学习能力，部分学生在这方面与其他同学存在差距。任务的评估和反馈需要教师具备较高的评价能力和反馈能力，部分教师在这方面存在不足。为了应对这些难点，教师可以加强教学设计和指导能力的培训，提升任务设计的科学性和合理性；学生可以加强自主学习能力和合作学习能力的培养，提升任务完成的效率和质量；教师可以加强评价和反馈能力的培训，提升任务评估的公正性和有效性。这些解决方案可以进一步提升任务型教学法的有效性和吸引力，促进地域文化的传承与发展。

（三）合作学习法

1.合作学习法在高职英语教学中的实践

合作学习法是一种以小组合作为核心、以学生为主体、以能力培养为目标的教学方法。在高职英语教学中，合作学习法通过设置与地域文化相关的小组任务，帮助学生在合作学习中提升语言运用能力和文化理解能力。例如，教师可以设置"东北文化研究"小组任务，要求学生通过小组讨论、资料查阅、实地考察等手段，研究东北地区的方言特点、民俗风情、民间艺术等内容，最终形成研究报告或展示作品。通过这种合作学习法，学生不仅能够提升语言运用能力，还能增强合作学习能力和实际操作能力。

2.合作学习法对地域文化传播的促进作用

合作学习法在地域文化传播中发挥了重要作用。合作学习法可以提升学生的学习兴趣和参与度,通过小组合作和团队协作,帮助学生主动探索和解决问题,提升学习效果。合作学习法可以培养学生的合作学习能力和实际操作能力,通过小组讨论和实施任务,帮助学生掌握合作方法和实践技能,提升综合素质。合作学习法可以促进师生互动和生生互动,通过小组讨论、项目汇报、成果展示等手段,帮助学生分享学习心得和交流学习经验,提升学习效果。

3.合作学习法的优化策略

尽管合作学习法在高职英语教学中取得了显著效果,但需要一些优化策略。小组的组建和分工要科学合理,确保每个成员都能发挥自己的优势和特长。例如,教师可以根据学生的兴趣和能力,合理分配小组成员,确保每个成员都能在小组中发挥作用。合作学习法需要充分利用信息技术和网络资源,丰富教学手段和教学内容。例如,教师可以利用网络平台搭建在线学习社区,为学生提供丰富的学习资源和互动交流机会。通过这些优化策略,教师可以进一步提升合作学习法的有效性和吸引力,促进地域文化的传承与发展。

总之,在地域文化背景下,高职英语教学应积极探索和应用创新的教学方法,如案例教学法、任务型教学法和合作学习法。这些教学方法不仅能够提升学生的英语水平和跨文化交际能力,还能增强学生的综合素质,为他们未来的职业发展打下坚实基础。这些创新教学方法的应用,可以更好地实现地域文化的传播与发展,提升高职英语教学的整体质量和效果。

二、课外实践活动的开展

在地域文化背景下,高职英语教学不仅需要在课堂教学中创新教学方法,还需要通过丰富的课外实践活动,进一步提升学生的语言运用能力和文化理解能力。本部分将从英语角活动、英语社团活动和英语竞赛活动三个方面,详细探讨这些课外实践活动的组织与实施、作用、效果评估与改进策略。

(一)英语角活动

1.英语角活动的组织与实施

英语角活动是高职英语教学中一种重要的课外实践活动,旨在为学生提供一个自由、轻松的英语交流环境，通过实际交流提升学生的英语口语表达能力和跨文化交际能力。英语角活动的组织与实施需要遵循以下几个步骤：

活动策划：教师应确定英语角活动的主题和内容，可以围绕地域文化展开，如"江南水乡文化""岭南文化"等；同时，制订详细的活动计划，包括时间、地点、参与人员、活动流程等。

宣传动员：教师应通过校园广播、海报、社交媒体等多种渠道，广泛宣传英语角活动，吸引更多的学生参与；可以邀请英语教师和优秀学生担任主持人或嘉宾，增加活动的吸引力。

活动准备：教师应准备必要的活动材料，如文化背景资料、话题卡片、互动游戏等；同时，布置活动场地，创造一个舒适、愉快的交流环境。

活动实施：在活动当天，主持人引导学生进行自我介绍、话题讨论、角色扮演、文化展示等环节。通过互动交流，学生可以分享自己的观点和经验，了解他人的看法和文化背景。

活动总结：活动结束后，教师组织学生进行总结和反馈，收集学生的意见和建议，为后续活动的改进提供参考；可以通过问卷调查、小组讨论等形式，评估活动的效果和影响。

2.英语角活动在地域文化传播中的作用

英语角活动在地域文化传播中发挥了重要作用。英语角活动为学生提供了一个实践英语口语的平台，通过实际交流，学生可以提升英语口语表达能力和跨文化交际能力。英语角活动通过围绕地域文化主题的讨论和展示，帮助学生深入了解和认识地域文化。英语角活动促进了师生互动和生生互动，通过交流和合作，学生可以分享学习心得和交流经验，提升学习效果。例如，通过"江南水乡文化"主题的英语角活动，学生可以了解和体验江南水乡的历史沿革、建筑风格、民俗风情等内容，增强对江南水乡文化的认知和理解。

3.英语角活动的效果评估与改进策略

为了进一步提升英语角活动的效果，教师需要进行定期的效果评估和改进。教师可以通过问卷调查、小组讨论等形式，收集学生对英语角活动的反馈意见和建议，评估活动的效果和影响；根据评估结果，及时调整活动的主题和内容，确保活动的实用性和吸引力。例如，如果学生对某个地域文化主题特别感兴趣，教师就可以增加相关内容的比重。教师可以通过引入新的活动形式和互动环节，增强活动的趣味性，提升学生的参与度。例如，教师设置文化展示、游戏互动、角色扮演等环节，增加活动的多样性和互动性。这些改进措施可以进一步提升英语角活动的效果，促进地域文化的传播与发展。

（二）英语社团活动

1.英语社团活动的类型与特点

英语社团活动是高职英语教学中一种重要的课外实践活动。组织各种类型的英语社团活动，不仅能够丰富学生的课外生活，还能有效提升他们的语言运用能力和文化理解能力。英语社团活动主要包括以下几种类型：

英语辩论社：教师可以通过组织英语辩论活动，培养学生的批判性思维和逻辑推理能力，提升学生的英语口语表达能力。例如，教师可以组织学生围绕"地域文化对现代生活的影响"等话题进行英语辩论。

英语戏剧社：教师可以通过排演英语戏剧，培养学生的表演能力和团队合作能力，提升学生的英语口语表达能力和文化理解能力。例如，教师可以组织学生排演与地域文化相关的戏剧，如"江南水乡的故事""岭南文化的传承"等。

英语写作社：教师可以通过组织英语写作活动，培养学生的写作能力和创意思维，提升学生的英语书面表达能力。例如，教师可以组织学生撰写与地域文化相关的文章，如"我眼中的江南水乡""岭南文化的历史变迁"等。

英语电影社：教师可以通过组织学生观看和讨论英语电影，培养学生的听力理解能力和口语表达能力，提升学生的跨文化交际能力。例如，教师可以组织学生观看与地域文化相关的影视作品。

2.英语社团活动对地域文化传播的贡献

英语社团活动在地域文化传播中发挥了重要作用。英语社团活动为学生提供了一个实践英语的平台，通过实际操作，学生可以提升语言运用能力和跨文化交际能力。英语社团通过围绕地域文化主题的活动，帮助学生深入了解地域文化。英语社团活动促进了师生互动和生生互动，通过交流和合作，学生可以分享学习心得和交流经验，提升学习效果。例如，通过英语戏剧社的活动，学生可以排演与地域文化相关的戏剧，进行角色扮演和文化展示，加深对地域文化的理解和体验。

3.英语社团活动的可持续发展策略

为了确保英语社团活动的可持续发展,学校需要采取一系列策略。首先,学校可以建立稳定的组织架构和管理机制,保障社团活动的有序开展。例如,可以设立社团负责人、指导教师和学生干部,明确各自的职责和任务。其次,学校可以提供必要的经费保障和资源支持,确保社团活动的顺利进行。例如,可以提供活动场地、设备、资料等,支持社团活动的开展。最后,学校还可以加强对社团活动的宣传和推广,吸引更多学生参与。例如,可以通过校园广播、海报、社交媒体等多种渠道,广泛宣传社团活动,提升社团活动的知名度和吸引力。通过这些可持续发展策略,学校可以确保英语社团活动的长期发展,促进地域文化的传播与发展。

(三)英语竞赛活动

1.英语竞赛活动的策划与执行

英语竞赛活动是高职英语教学中一项重要的课外实践活动。科学组织各种类型的英语竞赛活动,不仅可以提升学生的学习兴趣和参与度,还可以有效提升学生的语言运用能力和文化理解能力。英语竞赛活动的策划与执行需要遵循以下几个步骤:

竞赛策划:确定英语竞赛活动的主题和内容,可以围绕地域文化开展,如"江南水乡文化""岭南文化"等;同时,制定详细的竞赛规则和评分标准,确保竞赛的公平性和公正性。

宣传动员:通过校园广播、海报、社交媒体等多种渠道,广泛宣传英语竞赛活动,吸引更多学生参与。可以邀请英语教师和优秀学生担任评委或嘉宾,增加竞赛的权威性和吸引力。

竞赛准备:准备必要的竞赛材料,如题目、试卷、评分表等;同时,布置竞赛场地,创造一个公平、公正的竞赛环境。

竞赛实施:在竞赛当天,组织学生进行笔试、口试、演讲、辩论等环节。通过严格的评审和评分,选拔出优秀的参赛者;同时,安排颁奖仪式,表彰优秀参赛者,激励更多学生参与。

竞赛总结:竞赛结束后,组织学生进行总结和反馈,收集学生的意见和建议,为后续竞赛的改进提供参考。可以通过问卷调查、小组讨论等形式,评估竞赛的效果和影响。

2.英语竞赛活动在地域文化传播中的意义

英语竞赛活动在地域文化传播中发挥了重要作用。英语竞赛活动为学生提供了一个展示和提升英语能力的平台。通过参与实际竞赛,学生可以提升语言运用能力和跨文化交际能力。例如,通过参与以地域文化为主题的英语竞赛,学生能够深入了解地域文化的内涵和特色,进而在真实的情境中运用所学知识,提升对本土文化的认同感以及对外来文化的理解力。同时,英语竞赛活动还促进了师生互动和生生互动。通过交流和合作,学生可以分享学习心得和交流经验,从而提升学习效果。例如,通过参与"江南水乡文化"主题的英语演讲比赛,学生可以了解和体验江南水乡的历史沿革、建筑风格、民俗风情等内容,进而增强对江南水乡文化的认知和理解。

3.英语竞赛活动的创新与发展

为了进一步提升英语竞赛活动的效果,学校需要进行不断的创新与发展。首先,学校可以引入新的竞赛形式和内容,增强竞赛的多样性和趣味性。例如,可以设置英语辩论赛、英语戏剧表演赛、英语写作比赛等多种形式的竞赛,满足不同学生的需求和兴趣。其次,学校可以加强竞赛的实践性和应用性,通过实际操作和应用,提升学生的实际操作能力和应用能力。例如,可以设置与地域文化相关的实际任务和项目,如"江南水乡文化调研""岭南文化宣传册设计"等。最后,学校还可以加强竞赛的国际化和开放性,通过邀请外籍英语教师和国际学生参与竞赛,提升竞赛的国际化水平和开放程度。例如,可以组织国际英语演讲比赛,邀请来自不同国家和地区的学生参与竞赛,促进跨文化交流。通过这些创新与发展措施,学校可以进一步提升英语竞赛活动的效果,促进地域文化的传播与发展。

总之,在地域文化背景下,高职英语教学应积极探索和应用丰富的课外实践活动,如英语角活动、英语社团活动和英语竞赛活动等。这些活动不仅能够提升学生的英语水平和跨文化交际能力,还能增强学生的综合素质,为他们未来的职业发展打下坚实基础。将这些课外实践活动融入教学过程,可以更好地促进地域文化的传播与发展,提升高职英语教学的整体质量和效果。

第三节 教学评价体系存在的问题及解决方案

在地域文化背景下，高职英语教学评价体系面临着诸多问题。本节将从评价主体、评价内容、评价方式以及评价结果的反馈与应用四个方面，详细探讨教学评价体系存在的问题，以及学校和教师针对以上问题应采取的解决方案。

一、评价主体

（一）学生在评价过程中的主体地位不足

现阶段，高职英语教学评价体系主要由教师主导，学生作为学习主体在该体系中的参与度与话语权明显不足。这种主体性缺失导致学生在学习过程中缺乏主动性和积极性，难以形成持久的学习内驱力。例如，在传统的考试模式中，从命题到评分的全过程通常由教师单方面掌控，学生只是被动地应对考试，缺乏参与评价的机会和权利。这种评价方式不仅难以全面反映学生的学习成效，还容易导致学生形成消极的学习态度。

（二）社会和企业参与评价的缺失

在地域文化背景下，社会和企业的参与对于完善评价体系具有重要意义。当前，社会和企业在评价过程中的参与度较低，缺乏对学生实际应用能力和职业能力的有效评价。这导致学生在学习过程中对实际应用和职业发展的认知与准备不够充分，难以满足社会和企业的实际需求。例如，传统的考试通常仅由学校内部组织，缺乏社会和企业的参与，学生难以通过考试了解和掌握实际应用和职业发展的要求和标准。

（三）评价主体的多元化选择

为了解决评价主体单一的问题，学校应当采取多元化的评价主体策略。具体而言，学校可以加强学生的参与度，通过自我评价、同伴评价和小组评价等形式，提升学生在评价过程中的主动性和积极性。例如，可以设置自我评价表、同伴评价表和小组评价表，引导学生对自己的学习过程和学习效果进行评价，进而提升其自我反思能力和自我改进能力。同时，学校可以促进社会和企业的参与，通过校企合作、社会实践和职业测评等形式，评价学生在实际应用和职业发展方面的能力。例如，可以通过与企业合作，设置实际项目和工作任务，以此评价学生的实际操作能力和职业发展能力。此外，学校还可以引入第三方评价机构，借助其独立性，提升评价的公正性和权威性。例如，引入专业的教育评价机构，对学生的综合能力进行全面评价。上述多元化评价主体的引入，能够显著提升评价的全面性和客观性，为学生的全面发展和职业成长奠定坚实基础。

二、评价内容

（一）评价内容局限于语言知识和技能

目前，高职英语教学评价体系主要集中在对语言知识和技能的考核上，如词汇、语法、阅读、写作、听力和口语等方面。这种评价内容的单一化虽然有助于学生掌握基本的英语语言知识和技能，但忽视了对其他重要方面的评价，如文化理解能力、跨文化交际能力、实际应用能力等。以传统的期末考试为例，其通常由选择题、填空题、阅读理解题和写作题构成，这些题型虽然能够检验学生的语言知识和技能，但无法全面衡量学生的跨文化交际能力和实际应用能力。

（二）地域文化在评价内容中的缺失

在地域文化背景下，评价内容的单一化问题尤为突出。现行的评价体系很少包含地域文化的相关内容，缺乏对学生在地域文化理解和应用方面的评价。这导致学生在学习英语的过程中，对地域文化的认知和理解不足。例如，传统的考试题目很少涉及与地域文化相关的背景知识和实际应用的内容，学生很难通过考试深入了解和掌握地域文化的特点与精髓。

（三）评价内容的创新

为了弥补评价内容单一化的不足，教师应根据学校的指导方针，积极探索评价内容的创新路径。具体而言，教师可以在现有的评价内容中增加对地域文化内容的考核，如设置与地域文化相关的阅读理解题、写作题、口语表达题等，以此帮助学生在实际应用中提升对地域文化的理解和应用能力。此外，教师还可以将学生在英语实践环节所体现的自我管理能力、自主学习能力、团队合作能力等也列入评价内容，这些能力要素不仅契合现代职业素质的要求，更是学生终身发展的重要支撑。

三、评价方式

（一）评价方式的传统与僵化

当前，高职英语教学的评价方式仍以笔试和口试为主，这种传统的评价方式存在明显的僵化问题。笔试通常以选择题、填空题、阅读理解题和写作题为主，口试通常以朗读、对话和演讲为主。这些评价方式虽然在一定程度上能够测试学生的语言知识和基本技能，但缺乏灵活性和多样性，难以全面评价学生的实际应用能力和跨文化交际能力。例如，传统的笔试题目往往侧重考查学生对语言知识的记忆和再现，忽视了学生在实际情景中的语言运用能力；同样，传统的口试题目过于强调学生语言技能的展示，忽视了他们在实际交流中的跨文化交际能力。

（二）评价方式对地域文化传播的不利影响

评价方式的僵化对地域文化传播产生了不利影响。传统的评价方式难以全面评价学生在地域文化理解和应用方面的能力，导致学生在学习英语的过程中，对地域文化的认知和理解不足。由于缺乏实际应用和情景模拟，这类评价方式难以培养学生的实际操作能力和跨文化交际能力。此外，它还忽视了学生的个体差异和学习特点，难以满足不同学生的需求和兴趣。

（三）评价方式的多元化探索

为了克服评价方式的僵化问题，教师应根据学校的指导，积极探索多元化的评价方式。具体而言，教师可以引入项目评价、案例分析、角色扮演、情景模拟等多种方式，全面评价学生的综合能力。同时，强化过程性评价和形成性评价，结合学生平时的表现和作业情况，全面评价学生的学习过程和学习效果。此外，教师还可以借助信息技术和网络资源，丰富评价手段和评价内容，如利用网络平台进行在线测试和互动交流，或利用多媒体课件进行情景模拟和角色扮演。举例来说，教师可以通过设置与地域文化相关的项目任务，要求学生通过实际调查和研究，形成研究报告或展示作品，以此来评价学生的实际操作能力和跨文化交际能力。

四、评价结果的反馈与应用

（一）评价结果的统计分析

1.评价数据的收集与处理

评价数据的收集与处理是确保评价结果准确性和可靠性的前提。在高职英语教学中，评价数据的收集途径丰富多样，通常涵盖学生的学习表现、考试成绩、课堂参与度、项目报告、同伴评价等诸多方面。为了确保数据的全面性和代表性，教师需要在学校的指导下采用多维度的数据收集方法，如定期的问卷调查、课堂观察、作业批改、考试评分等。数据收集完成后，需要对数据进行系统的整理和处理，确保数据的准确性和完整性。例如，教师可以通过电子表格、数据库等工具，对收集到的数据进行分类、编码和存储，方便后续的统计分析和应用。

2.评价结果的统计分析方法

评价结果的统计分析方法是确保评价结果科学性和有效性的关键。常用的统计分析方法包括描述性统计分析、推断性统计分析和多变量统计分析等。描述性统计分析主要用于描述数据的基本特征，如平均值、中位数、标准差等；推断性统计分析主要用于推断数据的总体特征，如假设检验、置信区间等；多变量统计分析主要用于分析多个变量之间的关系，如回归分析、因子分析等。通过这些统计分析方法，教师可以全面、准确地评价学生的综合能力。例如，教师可以通过描述性统计分析，了解学生在不同评价指标上的表现情况；通过推断性统计分析，评价学生在地域文化理解和应用方面的能力；通过多变量统计分析，分析学生在不同维度上的综合表现。

3.评价结果统计分析的准确性保障

为了确保评价结果统计分析的准确性，学校需要采取一系列的保障措施。首先，学校需要确保数据的准确性和完整性，避免数据缺失和错误，这可以通过双人核对、数据校验等手段来实现。其次，学校需要根据评价目的和数据特性，选择合适的统计分析方法，如描述性统计分析、推断性统计分析或多变量统计分析，以确保分析结果的科学性和有效性。最后，学校需要应对分析结果进行验证和合理解释，确保分析结果的合理性和可信度，这可以通过交叉验证、专家评审等方法来完成。这些保障措施的实施可以有效提升评价结果统计分析的准确性和可靠性，为教学改进提供科学依据。

（二）评价结果的反馈机制

1.建立及时有效的评价反馈渠道

建立及时有效的评价反馈渠道是确保评价结果得到有效应用的前提。在高职英语教学中，评价反馈渠道的建立需要考虑多方面因素，如反馈的及时性、反馈的形式、反馈的覆盖面等。首先，确保反馈的及时性至关重要。通过定期的评价和反馈，可以及时发现和解决问题。例如，可以通过每周一次的课堂反馈、每月一次的项目评价、每学期一次的综合评价等方式，确保反馈的及时性。其次，选择合适的反馈形式亦不可忽视。应灵活运用书面反馈、口头反馈、在线反馈等多种形式，以满足不同情境下的需求，确保反馈的多样性和灵活性。最后，反馈对象的广泛覆盖同样关键。学生、教师、家长和企业等各方均应纳入反馈体系之中，以确保反馈的全面性和代表性。实际操作时，可以结合学生自评、教师评价、家长反馈和企业评价等多种形式，共同建立及时有效的评价反馈渠道。

2.评价反馈内容的具体化和针对性

反馈内容的具体化和针对性是确保评价反馈有效性的关键。在高职英语教学中，反馈内容需要具体、明确，避免模糊和笼统。教师应针对学生的具体表现及存在的问题，给出具体的反馈意见和改进建议。例如，教师可以通过具体的例子和改进建议，帮助学生了解自己的优点和不足，并指明改进的方向和方法。此外，教师还需要针对不同的评价指标和评价维度，提出有针对性的反馈意见和改进建议。例如，教师需要围绕语言知识与技能、文化理解与运用、实际操作能力等具体指标，给出具体的反馈及改进策略。同时，教师应考虑学生群体的差异及学习阶段的不同，提出个性化的反馈意见与改进方案。这包括通过个别辅导、小组讨论、专题讲座等多种形式，为学生提供量身定制的反馈与指导。通过上述具体且有针对性的反馈内容，教师能够显著提升评价反馈的有效性与针对性，进而助力学生更有效地改进英语学习方法，提升学习质量。

3.评价反馈机制的持续优化

为了确保评价反馈机制的持续优化，学校需要采取一系列措施。首先，学校需要建立反馈机制的持续改进机制，通过定期的评价和反馈，不断优化反馈机制。例如，可以通过定期的反馈调查、反馈评价、反馈改进等方式，不断优化反馈机制。其次，学校需要加强反馈机制的培训和支持，通过教师培训、学生培训、技术支持等方式，提升反馈机制的实施效果。例如，可以通过组织教师培训，提升教师的反馈能力和反馈技巧；通过开展学生培训，提升学生的自我反馈能力和自我改进能力；通过提供技术支持，开发和使用反馈工具。最后，学校需要建立反馈机制的监督和评价机制，通过定期的监督和评价，确保反馈机制的有效运行。例如，可以通过实施定期的监督检查、撰写评价报告、制订改进计划等方式，确保反馈机制的有效运行。通过这些持续优化措施，学校可以提升评价反馈机制的有效性和持续性，促进教学改进和学生发展。

（三）评价结果在教学改进中的应用

评价结果在教学改进中的应用是确保教学质量和教学效果的关键。在高职英语教学中，评价结果的应用需要贯穿教学的各个环节，从教学设计、教学实施到教学评价，形成一个完整的闭环。

1.评价结果在教学设计中的应用

评价结果在教学设计中的应用是确保教学设计科学性和有效性的前提。在高职英语教学中，评价结果可以用于教学设计的优化。通过分析评价结果，教师能够了解学生在不同维度上的表现情况，从而有针对性地调整教学目标、教学内容和教学方法。

首先，评价结果可以用于调整教学目标。教师通过分析评价结果，能够了解学生在语言知识、语言技能、文化理解和应用等方面的表现情况，进而调整教学目标，确保教学目标的科学性和合理性。例如，如果评价结果显示学生在地域文化理解和应用方面存在不足，教师就可以适当增加与地域文化相关的教学目标，以提升学生的文化理解和应用能力。

其次，评价结果可以用于调整教学内容。教师通过分析评价结果，能够了解学生在不同教学内容上的掌握情况，进而调整教学内容，确保教学内容的实用性和针对性。例如，如果评价结果显示学生在某些教学内容上的掌握情况不佳，教师就可以有针对性地增加对相关教学内容的讲解和练习，从而提升学生的掌握程度。

最后，评价结果可以用于调整教学方法。教师通过分析评价结果，能够了解学生在使用不同教学方法时的反应情况，进而调整教学方法，确保教学方法的多样性和灵活性。例如，如果评价结果显示学生在某种教学方法上的反应不佳，教师就可以尝试其他教学方法，以提升学生的参与度，进而提升学习效果。

2.评价结果在教学实施中的应用

评价结果在教学实施中的应用是确保教学实施有效性和针对性的关键。在高职英语教学中，评价结果可以用于指导教学实施的改进。教师通过分析评价结果，能够了解教学过程中存在的问题和不足，从而有针对性地调整教学策略和教学资源。

首先，评价结果可以用于调整教学策略。教师通过分析评价结果，能够了解学生在学习过程中所遇到的问题和困难，进而调整教学策略，确保教学策略的有效性和针对性。例如，如果评价结果显示学生在参与度和互动性方面存在不足，教师可以适当增加课堂讨论、小组合作等互动环节，以提升学生的参与度和互动性。

其次，评价结果可以用于调整教学资源。教师通过分析评价结果，能够了解学生在教学资源使用中所遇到的问题和困难，进而调整教学资源，确保教学资源的丰富性和实用性。例如，如果评价结果显示学生在教学资源使用中存在的问题较多，教师可以增加多媒体课件、网络资源等多样化教学资源，从而提升教学资源的丰富性和实用性。

3.评价结果在教学评价中的应用

评价结果在教学评价中的应用是确保教学评价科学性和有效性的关键。在高职英语教学中，评价结果可以用于教学评价的完善。教师通过分析评价结果，能够了解教学评价体系的优缺点，从而有针对性地优化评价指标、评价方法和评价反馈。

首先，评价结果可以用于评价指标的优化。教师通过分析评价结果，能够了解现有评价指标的优缺点，从而增加多元化的评价指标，确保评价指标的全面性和科学性。例如，如果评价结果显示现有的评价指标过于单一，教师就可以增加与地域文化相关的评价指标，提升评价的全面性和科学性。

其次，评价结果可以用于评价方法的优化。教师通过分析评价结果，能够了解现有评价方法的优缺点，从而增加多元化的评价方法，确保评价方法的多样性和灵活性。例如，如果评价结果显示现有的评价方法过于单一，教师就可以增加项目评价、案例分析、角色扮演等多元化的评价方法，提升评价的多样性和灵活性。

最后，评价结果可以用于评价反馈的优化。教师通过分析评价结果，能够了解评价反馈的有效性和针对性，从而优化评价反馈的内容和形式，确保评价反馈的有效性和针对性。例如，如果评价结果显示评价反馈的有效性和针对性不足，教师就可以增加具体化和针对性的评价反馈，提升评价反馈的有效性和针对性。

综上，在地域文化背景下，高职英语教学的评价体系需要不断改进和完善。探索评价主体的多元化选择、评价内容的创新、评价方式的多元化探索以及合理的评价结果的反馈和应用，可以全面、准确地评价学生的综合能力，促进教学改进和学生发展。通过上述措施，学校和教师能够更好地实现地域文化的传播与发展，提升高职英语教学的整体质量和效果。

第四章 地域文化背景下的高职英语教学法

第一节 ESP 教学法

一、ESP 教学法在高职英语教学中的应用

在地域文化背景下，高职英语教学需要采用更加专业化和针对性的教学方法。ESP（English for Specific Purposes，专门用途英语）教学法因其高度的针对性和实用性，在高职英语教学中具有重要的应用价值。本部分将从 ESP 教学法的定义与特点、ESP 教学法在高职英语教学中的实际运用以及 ESP 教学法在地域文化传播中的作用三个方面，详细探讨这些问题及其解决方案。

（一）ESP 教学法的定义与特点

1.ESP 教学法的概念解析

ESP 教学法是针对特定职业或专业领域的英语教学方法，旨在培养学生的专业英语能力和实际应用能力。与传统的通用英语教学不同，ESP 教学法更注重学生的实际需求和职业发展，通过专业化的教学内容和教学方法，帮助学生掌握特定领域的英语知识和技能。ESP 教学法的核心理念是以学生为中心，强调教学内容与学生未来职业需求的紧密结合，注重对实际应用能力和职业素养的培养。在地域文化背景下，ESP 教学法不仅能够帮助学生掌握专业英语，还能通过融入地方文化元素，增强学生的文化认知，使他们在跨文化交际中更加自信和得体。

2.ESP 教学法的主要特点

（1）针对性强

ESP 教学法以特定职业或专业领域为导向，教学内容和教学方法都具有很强的针对性，能够满足学生的实际需求和职业发展要求。例如，在教授"旅游英语"课程时，教师可以结合当地丰富的旅游资源，设计相关的教学内容，如景点介绍、旅游服务用语等，使学生在学习英语的同时，了解和掌握地域文化知识。

（2）实用性强

ESP 教学法注重实际应用，通过模拟真实工作场景和任务，帮助学生掌握实际工作所需的英语知识和技能。例如，教师可以通过角色扮演、情景模拟等形式，让学生在模拟的旅游接待、商务谈判等场景中练习英语，提升他们的实际应用能力。

（3）综合性强

ESP 教学法不仅涵盖语言知识和技能，还包括专业背景知识、行业术语、文化背景等内容，具有很强的综合性。例如，在教授"酒店管理英语"课程时，教师可以结合酒店行业的专业知识和文化背景，设计相关的教学活动，如酒店前台接待、客房服务等，使学生在学习英语的同时，了解和掌握酒店行业的运作模式和文化特点。

（4）互动性强

ESP 教学法强调师生互动和生生互动，通过小组讨论、角色扮演、项目合作等互动环节，提升学生的参与度，从而提升学习效果。例如，教师可以通过小组项目的形式，组织学生合作完成一个旅游线路的设计，从市场调研、景点选择到行程安排，每个环节都用英语进行讨论和汇报，这不仅提升了学生的语言能力，还培养了他们的团队合作精神。

（5）评估多样化

ESP 教学法采用多元化的评估方式，能够全面评估学生的综合能力。例如，教师可以通过项目报告、案例分析报告等多种形式，对学生的学习成果进行全面评估，确保评估内容的全面性和客观性。

3.ESP 教学法与传统英语教学的区别

ESP 教学法与传统英语教学在多个方面存在显著区别。

第一，教学目标不同。传统英语教学主要关注学生的语言知识和技能，而 ESP 教学法则更注重提升学生的专业英语能力和实际应用能力。例如，传统英语教学可能更多地关注词汇、语法等基础知识；而 ESP 教学法则更注重培养学生在特定职业或专业领域中的实际应用能力，如"商务英语"课程中的商务函电写作、"旅游英语"课程中的导游解说等。

第二，教学内容不同。传统英语教学内容较为通用，而 ESP 教学法内容高度专业化，涵盖特定职业或专业领域的知识和技能。例如，传统英语教学可能使用通用的英语教材；而 ESP 教学法则会使用专门针对某一职业或专业领域的教材，如《商务英语》《旅游英语》等，这些教材不仅包含英语语言知识，还涵盖了相关职业或专业的知识和术语。

第三，教学方法不同。传统英语教学多采用讲授式教学和填鸭式教学，而 ESP 教学法则采用任务型教学、项目驱动教学等互动式教学方法。例如，传统英语教学可能更多地依赖教师的讲解和学生的被动听讲；而 ESP 教学法则通过设计具体的任务和项目，让学生在实际操作中学习和应用英语，如模拟商务谈判、设计旅游线路等，以此提升学生的实际应用能力。

第四，评估方式不同。传统英语教学多采用笔试和口试，而 ESP 教学法则采用多元化的评估方式，如项目评估、案例分析、情景模拟等。例如，传统英语教学可能主要通过期末考试来评估学生的学习成果，而 ESP 教学法则通过项目报告、案例分析报告、情景模拟表演等多种形式，全面评估学生的综合能力，确保评估的全面性和客观性。

通过上述分析可以看出，ESP 教学法在高职英语教学中具有显著的优势，特别是在地域文化背景下，ESP 教学法不仅能够帮助学生掌握专业英语，还能通过融入地域文化元素，增强学生的文化认知，为学生的未来发展奠定坚实的基础。

（二）ESP 教学法在高职英语教学中的实际运用

1.ESP 教学法在课程设置中的应用

ESP 教学法在高职英语教学的课程设置中具有重要的应用价值。课程设置应紧密结合学生的专业背景和职业需求，确保教学内容的针对性和实用性。例如，对于计算机专业的学生，教师可以开设"计算机英语"课程，重点讲授编程术语、软件文档、技术报告等内容；对于旅游专业的学生，教师可以开设"旅游英语"课程，重点讲授旅游接待、导游讲解、酒店服务等内容。通过这样的课程设置，学生不仅能够学习到专业领域的英语知识，还能在实际工作中灵活应用这些知识。

课程设置应采用模块化设计，将课程内容分为多个模块，每个模块包含特定的知识点和技能点，确保教学内容的系统性和层次性。模块化设计的好处在于，可以根据学生的不同需求和进度，灵活调整教学内容和教学节奏，使教学更具针对性和灵活性。例如，教师可以将"计算机英语"课程分为"编程术语""软件文档""技术报告"等模块，每个模块都有明确的学习目标和评估标准，学生可以根据自己的兴趣和需求选择相应的模块进行学习。

此外，课程设置还应注重实践性，通过设置实际项目和任务，帮助学生在实际操作中提升语言运用能力和专业能力。例如，教师可以通过设置"酒店服务模拟""导游讲解实践"等项目，帮助学生在实际情景中提升语言运用能力和专业能力。这些实际项目的设置不仅能够增强学生的实际操作能力，还能帮助他们更好地理解和掌握专业知识，为未来的职业发展打下坚实的基础。

2.ESP 教学法在课堂教学中的实践

ESP 教学法在高职英语课堂教学中具有重要的实践价值。课堂教学需要采用任务型教学法，通过设置具体的任务和项目，帮助学生在实际操作中提升语言运用能力和专业能力。例如，教师可以通过设置编写技术报告、制作旅游手册等任务，帮助学生在实际操作中提升写作能力和专业能力。任务型教学法的核心在于通过具体的任务，激发学生的主动性和创造性，使他们在完成任务的过程中，不仅学习到语言知识，还能掌握实际应用技能。此外，任务型教学法还可以通过小组合作的形式，增强学生的团队合作能力和沟通能力。例如，在编写技术报告任务中，学生可以分组合作，每个人负责不同的部分，最后汇总成一份完整的报告，这不仅能锻炼学生的写作能力，还能培养他们的团队合作精神。

课堂教学需要采用项目驱动教学法，通过设置实际项目和任务，帮助学生在实际操作中提升语言运用能力和专业能力。项目驱动教学法不仅能够提升学生的实际操作能力，还能帮助他们更好地理解和掌握专业知识，为未来的职业发展打下坚实的基础。

课堂教学还需要采用合作学习法，通过设置互动环节，提升学生的参与度，提升学习效果。例如，教师可以通过设置小组讨论、角色扮演等互动环节，帮助学生在合作学习中提升语言运用能力和专业能力。合作学习法的核心在于通过互动和合作，使学生在实际操作中更好地掌握知识和技能。

3.ESP 教学法在促进学生能力提升方面的作用

ESP 教学法在促进学生能力提升方面具有重要的作用。ESP 教学法能够提升学生的专业英语能力，通过专业化的教学内容和教学方法，帮助学生掌握特定领域的英语知识和技能。例如，通过"计算机英语"课程，学生可以掌握编程术语、软件文档、技术报告等内容，提升计算机领域的英语能力。这种专业化的教学不仅能够帮助学生在学术上取得更好的成绩，还能为他们未来的职业发展提供坚实的支持。

ESP 教学法能够提升学生的实际应用能力，通过模拟真实工作场景和任务，帮助学生掌握实际工作所需的英语知识和技能。例如，通过"旅游英语"课程，学生可以掌握旅游接待、导游讲解、酒店服务等内容，提升旅游领域的实际应用能力。实际应用能力的提升不仅能够增强学生的就业竞争力，还能帮助他们在实际工作中更加自信和得体。

ESP 教学法还能够提升学生的综合素质，通过多元化的教学内容和教学方法，帮助学生提升批判性思维、创新能力、团队合作精神等综合素质。这些综合素质的提升不仅有助于学生在学术研究和职业发展中取得优异成绩，更能为其个人成长和社会交往奠定坚实基础，使其在未来的社会竞争中脱颖而出。

综上所述，ESP 教学法在促进学生能力提升方面具有重要的作用，不仅能够提升学生的专业英语能力和实际应用能力，还能够培养他们的综合素质，为学生的全面发展和未来的职业生涯奠定了坚实的基础。

（三）ESP 教学法在地域文化传播中的作用

1.ESP 教学法促进地域文化的融入

高职英语教学的目标是培养具备专业英语能力的应用型人才，而 ESP 教学法正是以学生的专业需求和职业发展为导向，强调语言学习与实际应用的结合。在这一过程中，地域文化可以作为一种重要的教学资源被引入课堂。例如，在旅游管理专业的英语教学中，教师可以结合本地的旅游资源、历史文化和民俗风情，设计相关的教学内容和实践活动。学生不仅能够学习到与旅游相关的专业英语词汇和表达，还能深入了解本地的文化特色，从而在未来的职场中更好地向国际游客传播地域文化。这种教学模式不仅提升了学生的语言能力，还增强了他们对本土文化的认同感和自豪感。

2.ESP 教学法在地域文化教学中的优势

与传统的通用英语教学相比，ESP 教学法更加注重语言的实用性和针对性，能够更好地满足学生的学习需求。在地域文化教学中，ESP 教学法可以通过以下方式发挥其优势：一是教学内容与地域文化紧密结合。教师可以根据学生的专业背景和职业需求，选择与地域文化相关的主题和材料，如地方历史、传统工艺、民俗节庆等，使学生在学习语言的同时，深入了解和体验地域文化。二是教学方法的多样性和灵活性。ESP 教学法强调任务型教学和项目式学习，教师可以设计一系列与地域文化相关的任务和项目，如文化调研、英语导游模拟、文化产品推广等，让学生在完成任务的实践中提升语言能力和文化传播能力。三是教学评价的多元化和实用性。ESP 教学法注重对学生实际应用能力的评价，教师可以通过观察学生在文化传播任务中的表现、评估其文化产品的设计等方式，全面了解学生的学习效果和文化传播能力。

3.ESP 教学法对地域文化传播的贡献

在全球化的背景下，地域文化的传播不仅关系到文化多样性的保护，还关系到地方经济和社会的发展。ESP 教学法通过将地域文化融入英语教学，培养了一批既具备专业英语能力又熟悉地域文化的复合型人才。这些人才在未来的职业场景中，能够成为地域文化传播的桥梁和纽带。例如，在涉外旅游、国际贸易、文化交流等领域，他们可以利用自己的语言优势和文化知识，向国际社会展示和推广本地的文化特色，提升地域文化的国际影响力。此外，ESP 教学法还通过培养学生的跨文化交际能力，增强了他们在国际交流中的文化自信和传播能力。学生在学习过程中不仅掌握了语言技能，还学会了如何用英语表达和传播地域文化，从而在跨文化交流中占据主动地位。

在高职英语教学中，ESP 教学法的应用为地域文化的传播提供了新的路径和方法。通过将地域文化融入教学内容、优化教学方法和评价方式，ESP 教学法不仅提升了学生的语言能力和职业素养，还增强了他们对地域文化的认同感和传播能力。在全球化的背景下，这种教学模式对于保护和传播地域文化、促进地方经济和社会发展具有重要意义。未来，高职英语教学应进一步深化 ESP 教学法的应用，探索更多与地域文化相结合的教学模式，为培养具有国际视野和文化传播能力的应用型人才做出更大贡献。

总之，ESP 教学法在地域文化传播中的作用是多方面的。它不仅促进了地域文化在高职英语教学中的融入，还通过其独特的教学优势，提升了学生的文化传播能力。在全球化的今天，地域文化的传播需要更多具备语言能力和文化素养的人才，而 ESP 教学法正是培养这类人才的有效途径。通过不断优化和创新教学模式，高职英语教学可以在地域文化传播中发挥更大的作用，为文化多样性的保护和地方经济的发展贡献力量。

二、ESP 教学法与地域文化结合的案例

在地域文化背景下，高职英语教师需要积极探索和应用 ESP 教学法，将其与地域文

化相结合，以提升学生的专业英语能力和跨文化交际能力。本部分将通过一个具体的案例，详细探讨 ESP 教学法与地域文化结合的实施过程、成果及反思。

（一）案例背景及教学目标

1.案例选取的背景

本案例以某高职院校旅游管理专业为研究对象。该专业旨在培养具备良好英语能力和跨文化交际能力的旅游行业人才。随着旅游业全球化进程的加速，行业对兼具专业英语技能和跨文化素养的人才需求持续攀升。因此，将 ESP 教学法与地域文化相结合，不仅能够提升学生的专业英语能力，还能深化其对地域文化的理解和应用能力，从而为地方旅游业的高质量发展提供人才支撑。该高职院校位于江南地区，这里拥有丰富的自然景观和历史文化资源，如古典园林、古镇古村等，独特的地域文化背景为 ESP 教学法的应用提供了丰富的文化素材和实践机会。

2.教学目标的确立

（1）知识目标

学生能够掌握与旅游管理相关的专业英语词汇和表达方式，了解并熟悉旅游行业的基本知识和操作流程。通过系统的课程设置，学生将学习到旅游接待、导游讲解、酒店服务等各个环节的专业术语和常用表达，为实际工作打下坚实的基础。

（2）技能目标

学生能够在实际工作中运用英语进行有效的沟通和交流，能够编写与旅游相关的英文文件，如旅游手册、行程安排等。通过任务型教学法和项目驱动教学法，学生将在实际操作中提升语言运用能力和专业技能，增强在职场中的竞争力。

（3）文化目标

学生能够了解和掌握本地域的文化背景知识，如江南水乡的古典园林等，并能在实际工作中融入地域文化元素，提升服务质量。通过将本地域文化元素融入教学内容，学生不仅能够学习专业知识，还能深入了解和传承地域文化，为地方旅游业的发展贡献力量。

3.地域文化与教学目标的结合

为了实现上述教学目标，本案例将 ESP 教学法与地域文化相结合。具体而言，通过设置与旅游管理相关的专业英语课程，将地域文化元素融入教学内容，帮助学生在学习专业英语的同时，了解和掌握地域文化知识。例如，教师可以设置导游讲解模拟项目，要求学生在模拟导游讲解中融入地域文化元素，如介绍当地的名胜古迹、传统手工艺、特色美食等，通过实际操作提升学生的跨文化交际能力和旅游服务质量。

将 ESP 教学法与地域文化相结合，不仅能够提升学生的专业英语能力，还能增强他们对地域文化的理解和应用能力，使其在未来的职业生涯中更加自信和得体。这种教学方法不仅有助于学生的个人发展，还能为地方旅游业的发展提供有力的人才支撑，推动地域文化的传承与发展。

（二）案例实施过程及方法

1.教学活动的具体实施步骤

（1）前期准备

在实施 ESP 教学法与地域文化相结合的教学活动之前，教师需要做好充分的前期准备，以确保教学活动的顺利进行。

教材准备是至关重要的一步。应选择与旅游管理相关的专业英语教材，确保教材内容涵盖旅游行业的基本知识和操作流程，同时融入地域文化元素。例如，教师可以选用《旅游英语》教材，并在此基础上拓展关于江南水乡的古典园林等相关内容，使教学内容更加丰富和贴近实际。

教学计划的制订应全面，涵盖教学目标、教学内容、教学方法、评估方式等多个方面。教学目标应具体，如知识目标、技能目标和文化目标；教学内容应广泛，涉及旅游接待、导游讲解、酒店服务等多个环节；教学方法应多样化，如任务型教学法、项目驱动教学法等；评估方式应多元化，如项目评估、案例分析、情景模拟等。

资源准备也是必不可少的。教师需要准备必要的教学资源，如多媒体课件、视频资料、实地考察地点等。例如，教师可以制作关于江南水乡的多媒体课件，搜集相关的视频资料，并选定适合实地考察的古典园林，以确保教学资源的丰富性和实用性。

（2）教学实施

在教学实施过程中，教师需要通过一系列具体的步骤，确保学生在学习中既能掌握专业英语知识，又能深入了解和应用地域文化。

导入新课是激发学生兴趣的关键环节。可以通过播放一段视频，引出本节课的主题，如"旅游接待中的地域文化元素"。视频内容可以包括江南水乡的自然风光、古典园林的历史背景、民俗活动的特色等，通过视觉和听觉的双重刺激，迅速吸引学生的注意力，为后续教学奠定基础。

知识讲解是传授专业英语知识和地域文化知识的重要环节。教师通过讲解和演示，介绍与旅游管理相关的专业英语词汇和表达方式，同时结合地域文化背景，介绍相关的历史和文化知识。

互动环节是提升学生参与度和实践能力的关键环节。教师可以设置小组讨论、角色扮演、情景模拟等互动环节，帮助学生在实际操作中提升语言运用能力和跨文化交际能力。例如，教师可以设置"导游讲解"角色扮演活动，要求学生在模拟导游讲解过程中融入地域文化元素，如介绍古典园林的建筑风格、历史典故和文化象征等。

项目任务是检验学生实际操作能力的重要环节。教师可以布置实际项目任务，如编写旅游手册、设计旅游线路等，要求学生在任务中融入地域文化元素。例如，教师要求学生编写一份关于江南水乡的旅游手册，详细介绍当地的古典园林和文化背景，通过实际操作提升学生的语言运用能力和跨文化交际能力。

评估反馈是教学过程中的重要环节，通过项目评估、案例分析、情景模拟等多种方式，全面评估学生的综合能力，及时给予反馈和指导。

2.地域文化元素的融入方法

（1）教材内容

在教材内容中融入地域文化元素是提升学生文化理解和应用能力的重要途径。例如，教师在介绍旅游接待环节时，可以结合江南水乡的古典园林，介绍相关的历史背景和文化内涵。教材中可以包含关于古典园林的图片、文字说明和历史典故，帮助学生在学习专业英语的同时，深入了解古典园林的文化背景。通过这种方式，教师不仅能够帮助学生掌握专业英语知识，还能增强他们对地域文化的理解和应用能力。

（2）教学活动

在教学活动中融入地域文化元素是提升学生实际操作能力和跨文化交际能力的重要手段。例如，教师可以设置"旅游手册编写"任务，要求学生在编写旅游手册时融入地域文化元素。通过实际操作，学生不仅能够提升写作能力，还能在实际应用中加深对地域文化的理解和掌握。这些教学活动不仅能够提升学生的语言运用能力，还能增强他们对地域文化的认同感和自豪感。

（3）实地考察

组织学生进行实地考察是帮助学生亲身体验和了解地域文化知识的重要方式。例如，教师可以组织学生参观江南水乡的古典园林，如拙政园、留园等，学生可以近距离观察古典园林的建筑风格、布局设计，深入了解古典园林的文化背景。通过实地考察，学生不仅能够增强对地域文化的理解和认同，还能在实际操作中提升跨文化交际能力。

（4）多媒体资源

利用多媒体资源是帮助学生更直观地了解和掌握地域文化知识的重要手段。例如，可以制作关于江南水乡的多媒体课件，包含图片、视频、声频等多种形式，展示古典园林的建筑风格、历史典故和文化象征。通过多媒体课件，学生可以更直观地了解古典园林的文化背景，提升学习效果。多媒体资源的使用不仅能够提升学生的学习兴趣，还能帮助他们更全面地掌握地域文化知识。

3.教学过程中的难点与解决策略

（1）学生参与度不足

部分学生可能对地域文化不感兴趣，导致参与度不高。解决策略是教师在教学活动中增加互动环节，如小组讨论、角色扮演等，提升学生的参与度和积极性。例如，教师可以通过小组讨论，让学生在小组内分享自己对地域文化的了解和看法，激发他们的学习兴趣。此外，教师可以通过角色扮演，让学生在模拟导游讲解中融入地域文化元素，提升他们的实际操作能力和跨文化交际能力。通过增加互动环节，教师可以有效提升学生的参与度和积极性，使他们在实际操作中更好地掌握专业英语知识和地域文化知识。

（2）地域文化知识匮乏

部分学生可能对地域文化知识了解较少，因而在融入地域文化元素时面临一定困难。解决策略是教师在教学前进行准备，如提供相关背景资料、组织专题讲座等，帮助学生提前了解和掌握地域文化知识。例如，教师可以在教学前提供关于江南水乡古典园林的背景资料，包括建筑风格、历史典故、文化象征等，帮助学生提前了解相关知识。此外，教师可以组织专题讲座，邀请文化学者或非物质文化遗产代表性传承人，向学生介绍地域文化的背景知识和实际应用。通过课前准备，教师可以有效弥补学生在地域文化知识方面的不足，使他们在实际操作中更好地应用地域文化知识。

（3）评估难度较大

学生的综合能力涉及多个维度，评估过程较为复杂，难以通过单一方式全面衡量。解决策略是教师采用多元化的评估方式，如项目评估、案例分析、情景模拟等，全面评估学生的综合能力。例如，教师可以通过案例分析的方式，如要求学生分析实际工作中的跨文化交际案例，评估他们的分析能力和解决问题能力。在案例分析中，教师可以提供真实的企业案例或文化冲突场景，要求学生从语言、文化、职业等多个角度提出解决方案，并通过小组讨论或书面报告的形式呈现分析结果。教师还可以通过情景模拟的方式，如要求学生在模拟导游讲解中融入地域文化元素，评估他们的实际操作能力和跨文化交际能力。在情景模拟中，教师可以设置真实的工作场景，如接待外国游客、处理文化误解等，观察学生的表现并给予即时反馈。通过多元化的评估方式，教师可以全面评估学生的综合能力，确保评估的全面性和客观性。

总之，ESP 教学法与地域文化相结合，不仅能够提升学生的专业英语能力和跨文化交际能力，还能增强他们对地域文化的理解和应用能力，为地方旅游业的发展提供有力的人才支撑。这一案例的实施，展示了 ESP 教学法在高职英语教学中的应用价值，为其他院校提供了有益的借鉴和参考。

（三）案例成果及反思

1.教学案例的成果展示

（1）专业英语能力提升

学生掌握了与旅游管理相关的专业英语词汇和表达方式，能够在实际场景中运用英语进行有效的沟通和交流。例如，在旅游接待环节的学习中，学生不仅学会了接待用语，还能够流利地介绍旅游景点的历史背景和文化内涵。在导游讲解环节的学习中，学生能够用英语详细描述各种旅游活动和景点的特点，提升了语言表达的准确性和流畅性。

（2）跨文化交际能力提升

学生了解和掌握了本地域的文化背景知识，能够在实际场景中融入地域文化元素，提升服务质量。例如，通过实地考察江南水乡的古典园林，学生不仅了解了这些文化元素的历史背景和文化内涵，还能够在导游讲解中灵活运用这些知识，使游客对地方文化有了更深刻的理解和体验。这种跨文化交际能力的提升，不仅提升了学生的专业素质，也为地方旅游业的发展提供了有力支持。

（3）实际操作能力提升

通过实际项目任务，如编写旅游手册、设计旅游线路等，学生的实际操作能力得到了显著提升。例如，在"旅游手册编写"任务中，学生不仅学会了如何编写详细的旅游指南，还能够将地域文化元素巧妙地融入其中，使旅游手册更具吸引力和实用性。在"旅游线路设计"任务中，学生能够根据游客的需求和兴趣，设计出既符合专业标准又富有地方特色的旅游线路，提升了实际操作能力和创新能力。

2.教学过程中的经验总结

(1) 教学内容的针对性

将 ESP 教学法与地域文化相结合,使得教学内容更加具有针对性和实用性,从而能够更好地满足学生的实际需求和职业发展要求。例如,教材内容不仅涵盖了旅游管理的基本知识和操作流程,还融入了丰富的地域文化元素,使学生在学习专业英语的同时,能够深入了解和掌握地域文化,为未来的职业发展打下坚实基础。

(2) 教学方法的多样性

教师通过设置小组讨论、角色扮演、情景模拟等互动环节,提升了学生的参与度,提升了学习效果。例如,在"导游讲解"角色扮演活动中,学生通过模拟实际工作场景,不仅锻炼了英语口语表达能力,还提升了应变能力和跨文化交际能力。在"旅游线路设计"任务中,学生通过小组合作的方式,不仅提升了团队协作能力,还培养了创新思维和实际操作能力。

(3) 教学资源的丰富性

教师利用多媒体资源和实地考察的方式,丰富了教学手段和教学内容,帮助学生更直观地了解和掌握地域文化知识。例如,通过多媒体课件和视频资料,学生可以更直观地了解古典园林的建筑风格、历史典故、文化象征;通过实地考察,学生可以亲身体验民俗活动的风俗习惯和文化特色,使学习过程更加生动和有趣。

(4) 评估方式的多元化

教师通过项目评估、案例分析、情景模拟等多种评估方式,全面评估了学生的综合能力。例如,教师通过项目报告,可以评估学生的写作能力和地域文化应用能力;通过案例分析,可以评估学生的分析能力和解决问题能力;通过情景模拟,可以评估学生的实际操作能力和跨文化交际能力。通过这种多元化的评估方式,教师不仅能够全面了解学生的学习成果,还能及时给予反馈和指导,帮助学生不断进步。

3.对未来教学的改进建议

(1) 进一步丰富教学内容

教师可以在教学内容中增加更多与地域文化相关的案例,帮助学生更好地理解和运用地域文化知识。例如,教师可以介绍更多的地方特色景点和文化活动,使学生在学习中能够接触到更多元的地域文化元素,增强他们的文化素养。

(2) 加强师资培训

学校通过组织教师培训，提升教师在 ESP 教学法和地域文化方面的专业能力和教学技巧。例如，学校可以邀请行业专家为教师开设专题讲座，帮助教师掌握前沿的教学理念和方法，从而提升教学效果。

(3) 引入企业资源

学校通过与旅游企业合作，引入实际项目和工作任务，从而提升学生的实际操作能力和职业发展能力。例如，学校可以与当地的旅行社、酒店和景区合作，为学生提供实习和实践机会，使学生在实际工作中应用所学知识和技能，提升职业竞争力。

(4) 加强学生自主学习能力

学校通过设置自主学习任务和在线学习资源，提升学生的自主学习能力和终身学习能力。例如，学校可以开发在线学习平台，提供丰富的学习资源和互动工具，鼓励学生在课余时间自主学习，培养他们的自学能力和探索精神。

(5) 持续改进评估方式

学校通过定期的评估和反馈，持续改进评估方式，确保评估的全面性和科学性。例如，学校可以定期组织学生进行自我评估和同伴评估，并结合教师的反馈意见，不断优化评估标准和方法，确保评估的公平性和有效性。

总之，在地域文化背景下，ESP 教学法与地域文化相结合，不仅能够提升学生的专业英语能力和跨文化交际能力，还能增强他们对地域文化的理解和应用能力，从而更好地服务于地方旅游业的发展。

本案例的实施，可以为高职英语教学提供有益的经验和借鉴，从而进一步提升高职英语教学的整体质量和效果。这种教学方法不仅有助于学生的个人发展，还能为地方文化和经济的发展做出积极贡献。

第二节 参与式教学法

在地域文化背景下，参与式教学法在高职英语教学中具有重要的应用价值。通过提升学生参与度，增强教学互动性，创造积极的教学环境，参与式教学法不仅能够提升学生的英语学习效果，还能促进地域文化的传播与发展。本节将详细探讨高职英语教学中的学生参与度提升、参与式教学法在地域文化传播中的应用两个方面，并结合实际案例提出可操作性建议。

一、高职英语教学中的学生参与度提升

（一）影响学生参与度的因素

1.学生个人因素

学生个人因素是影响其参与度的重要因素之一。学生的兴趣、动机、自信心、学习态度等都会直接影响他们在课堂上的参与度。例如，对英语学习感兴趣的学生往往更愿意参与课堂活动，积极回答问题，提出自己的见解。这种积极的态度不仅能够提升他们的学习效果，还能增强他们的自信心和学习动力。相反，对英语学习缺乏兴趣的学生则可能表现出被动和消极的态度，不愿意参与课堂讨论和活动，导致学习效果不佳。此外，学生的英语基础和学习能力也会影响他们的参与度。英语基础较好的学生在课堂上更容易获得成就感，从而更积极地参与课堂活动；而英语基础较差的学生可能会因为害怕出错而避免参与课堂活动，这进一步影响了他们的学习积极性。因此，教师需要关注学生的个体差异，采取差异化教学策略，帮助不同基础的学生找到参与课堂的机会和动力。

2.教学内容与方法

教学内容与方法的选择也是影响学生参与度的关键因素。教学内容是否与学生的实际需求和兴趣相匹配，教学方法是否多样化和互动性强，都会直接影响学生的学习积极性。例如，如果教学内容过于枯燥和抽象，学生可能会感到乏味，参与度降低；而如果教学内容生动有趣，贴近学生的实际生活和职业需求，学生则会更愿意参与课堂活动。

因此，教师需要精心设计教学内容，使其既符合学生的实际需求，又能够激发他们的学习兴趣。同时，教学方法的选择也至关重要。单一的讲授式教学容易使学生感到枯燥无味，而多样化的教学方法，如小组讨论、角色扮演、情景模拟等，能够提升学生的参与度，提升学习效果。通过这些互动性强的教学方法，学生不仅能够更好地掌握知识，还能在实际操作中提升语言运用能力和跨文化交际能力。

3.教学环境与氛围

教学环境与氛围也是影响学生参与度的重要因素。一个积极、开放、包容的教学环境能够激发学生的参与热情，使他们在课堂上更愿意表达自己的观点和想法。例如，教师可以通过营造一个积极、开放、包容的课堂氛围，鼓励学生提问和发表意见，减轻学生的心理压力和焦虑感。此外，教师还可以通过小组合作和团队活动，增强学生的归属感和合作精神，使他们在集体中感受到支持和鼓励。相反，一个消极、压抑、竞争激烈的教学环境则可能导致学生感到压力和不安，从而降低参与度。因此，教师需要营造一个积极、开放、包容的教学环境，通过正面激励和积极反馈，激发学生的参与热情，提升他们的学习积极性和参与度。

总之，教师通过关注学生个人因素、优化教学内容与方法、营造积极的教学环境，可以有效提升学生的课堂参与度，增强教学互动性，进而提升学生的英语学习效果。

（二）提升学生参与度的策略

1.激发学生兴趣的策略

激发学生兴趣是提升学生参与度的关键策略。教师可以通过多种方式激发学生的兴趣，使学生在课堂上更加积极主动。引入与学生生活密切相关的教学内容是一种激发学生兴趣的有效方法。例如，教师可以结合学生的专业背景和职业需求，引入与旅游、计算机、商务等相关的话题，使学生感受到学习内容与自身未来职业发展息息相关。例如，在旅游管理专业的英语教学中，教师可以引入关于旅游景点的历史背景、文化内涵、旅游服务等内容，使学生在学习英语的同时，了解和掌握与旅游相关的专业知识。这种与实际生活和职业需求紧密结合的教学内容，能够激发学生的学习兴趣，提升他们的参与度。设置有趣的教学活动也是激发学生兴趣的重要手段。教师可以通过设置角色扮演、小组讨论、案例分析等互动环节，使学生在实际操作中提升语言运用能力和学习兴趣。此外，使用多媒体资源也是激发学生兴趣的有效方法。教师可以利用多媒体课件、视频资料、声频资源等，展示与教学内容相关的生动场景和实际案例，使学生在视觉和听觉的双重刺激下，更直观地了解和掌握学习内容。

2.增强互动性的教学方法

增强互动性的教学方法是提升学生参与度的另一关键策略。教师可以通过多种教学方法增强课堂互动，使学生在课堂上更加积极主动。任务型教学法通过设置具体的任务和项目，使学生在实际操作中提升语言运用能力和专业能力。例如，在"旅游英语"课程中，教师可以设计"模拟导游接待"任务，要求学生在模拟接待外国游客的情境中，运用英语介绍当地的旅游景点、特色美食和文化活动。这样的任务不仅能够锻炼学生的语言沟通技巧，还能让他们在实践中深入了解地域文化，增强文化传播的意识和能力。小组讨论和合作学习也是增强互动性的有效方式。教师可以将学生分成小组，针对某个地域文化主题进行研究和讨论，然后让每个小组在课堂上进行展示和分享。这种合作式的学习方式不仅能够促进学生之间的交流与合作，还能让他们在共同探讨中深化对地域文化的理解和认识。

合作学习法通过设置小组讨论、角色扮演、项目合作等互动环节，提升学生的参与度，提升学习效果。例如，在"商务英语"课程中，教师可以组织学生进行商务场景模拟，如商务会议、商务谈判等，让学生在角色扮演中学习和运用商务英语知识。通过小组讨论，学生可以共同策划和准备模拟场景的内容，这不仅能够培养他们的团队协作能力，还能让他们在互动中相互学习和借鉴。项目合作则可以进一步加深学生对商务英语的理解和应用，如合作完成一份商务英语报告、策划一次商务活动等。这样的合作学习法不仅能够提升学生的参与度，还能让他们在互动中更好地掌握地域文化在商务领域中的应用。

翻转课堂通过将课堂讲解转移到课前自学，使课堂时间更多地用于互动和实践，提升学生的参与度，提升学习效果。例如，教师可以在课前提供视频讲座、阅读材料等自学资源，要求学生在课前完成自学任务，课堂上则更多地用于讨论、答疑和实践。通过这种方式，学生不仅能够在课前自主学习，还能在课堂上积极参与讨论和实践活动，提升学习效果和提升参与度。

3.创设学生积极参与的教学环境

创设学生积极参与的教学环境是提升学生参与度的重要策略。教师需要营造一个积极、开放、包容的教学环境，鼓励学生积极参与课堂活动，表达自己的观点和想法。建立积极的师生关系是创设学生积极参与的教学环境的基础。教师需要倾听学生的意见和建议，并及时给予反馈和指导，增强学生的自信心和学习动力。例如，教师可以通过个别辅导、小组讨论等方式，了解学生的学习情况和需求，提供个性化的指导和支持，使学生在学习中感受到支持和鼓励。

设置奖励机制也是创设学生积极参与的教学环境的有效方法。教师可以通过表扬、加分、发放证书等方式，激励学生积极参与课堂活动。例如，教师可以设置"最佳表现奖""最佳团队奖"等奖项，对在课堂活动中表现突出的学生和团队给予奖励，激发学生的参与热情和学习动力。通过这种方式，学生不仅能够在课堂上积极参与活动，还能在竞争和合作中提升自己的综合能力。

营造轻松愉快的课堂氛围是创设学生积极参与的教学环境的重要手段。教师可以通过幽默的语言、轻松的互动、有趣的教学活动等方式，营造一个轻松愉快的课堂氛围，使学生在轻松愉快的环境中积极参与学习。例如，教师可以在课堂上穿插一些轻松的互动游戏，如猜词游戏、角色扮演等，使学生在轻松愉快的氛围中提升参与度和学习兴趣。

总之，通过激发学生兴趣、增强互动性的教学方法、创设学生积极参与的教学环境，教师可以有效提升学生的参与度，增强教学互动性，提升学生的英语学习效果。

（三）学生参与度与地域文化传播的关系

1.学生参与度对地域文化传播的影响

学生参与度对地域文化传播具有重要影响。高参与度的学生在课堂上更愿意表达自己的观点和想法，更积极地参与地域文化的学习和实践，从而更深入地了解和掌握地域文化。例如，通过参与与地域文化相关的教学活动，如导游讲解、文化展示、民俗体验等，学生能够更直观地了解和体验地域文化，从而增强对地域文化的认知和理解。在这些活动中，学生不仅能够学习到专业的英语知识，还能通过实际操作和互动，加深对地域文化的认识和体验。例如，在学习传统手工艺时，学生们亲手制作剪纸或刺绣，并从教师的悉心讲解中深入了解其历史渊源与文化内涵，同时用英语进行介绍，传播地域文化的魅力。这种参与不仅提升了学生的文化自信，还为地域文化的传播注入了新的活力。此外，高参与度的学生在实际应用中也更能够将地域文化元素融入自己未来的工作中，从而促进地域文化的传播。例如，在旅游管理专业的学生中，那些积极参与课堂活动和项目的学生，往往能够在未来的实际工作中更好地将地域文化元素融入旅游服务中，如在接待游客时介绍当地的名胜古迹、传统手工艺、特色美食等。这种实际应用不仅能够提升服务质量，还能增强游客对地域文化的兴趣和认知，从而促进地域文化的传播和发展。通过这种方式，学生不仅能够在职业生涯中发挥更大的作用，还能为地方文化和经济发展做出积极贡献。

2.地域文化传播对学生参与度的促进作用

地域文化传播对学生参与度具有促进作用。教师将地域文化元素融入教学内容和教学活动中，能够激发学生的学习兴趣和参与热情，使他们在课堂上更愿意表达自己的观点和想法。例如，教师设置与地域文化相关的教学活动，如"江南水乡文化研究""岭南民俗体验"等，能够使学生更直观地了解和体验地域文化，深化他们对地域文化的认知和理解。这些活动不仅能够使学生在学习过程中获得更多的乐趣和成就感，还能增强他们对地域文化的探索欲，从而更积极地参与课堂活动。

例如，在某高职院校的旅游管理专业中，教师通过将ESP教学法与地域文化相结合，设置了"江南水乡文化研究"项目。学生在项目实施中需要通过文献查阅、实地考察、文化展示等方式，研究江南水乡的历史沿革、建筑风格、民俗风情等内容，并最终形成研究报告或展示作品。通过这个项目，学生不仅提升了专业英语能力和实际操作能力，还深入了解和掌握了江南水乡的文化背景知识。项目的成功实施不仅提升了学生的参与度，还促进了地域文化的传播和发展。在这个过程中，学生不仅能够学到专业知识，还能在实际操作中体验和应用地域文化，从而更加积极地参与到课堂活动中，提升学习效果。

总之，学生参与度与地域文化传播之间存在着密切的互动关系。高参与度的学生能够更深入地了解和掌握地域文化，从而在实际应用中更好地传播地域文化。同时，地域文化传播也能够激发学生的学习兴趣和参与热情，使他们在课堂上更愿意表达自己的观点，进而提升学生参与度，并增强整体的学习效果。这种相互促进、彼此增益的互动关系，有助于更好地推动地域文化的传播与发展，从而提升高职英语教学的整体质量和成效。

二、参与式教学法在地域文化传播中的应用

（一）参与式教学法的定义与基本原则

1. 参与式教学法的定义

参与式教学法是一种以学生为中心、以互动和实践为核心的教学方法。它强调学生的积极参与和主动学习，通过设置具体的任务和项目，引导学生在实际操作中提升语言运用能力和文化理解能力。参与式教学法不仅关注学生的语言知识和技能，还注重对学生的综合素质和实际操作能力的培养。在地域文化背景下，参与式教学法能够通过丰富多彩的互动活动，使学生在学习过程中更深入地了解和体验地域文化，从而提升他们的跨文化交际能力和实际应用能力。这种方法不仅能够激发学生的学习兴趣，还能为地域文化的传播和发展打下坚实基础。

2. 参与式教学法的基本原则

（1）以学生为中心

参与式教学法强调学生的主体地位，鼓励学生积极参与和主动学习。在教学过程中，教师需要尊重学生的主体地位，鼓励他们提出问题、发表意见和分享观点。例如，教师可以通过小组讨论、角色扮演等方式，使学生在互动中主动学习，提升他们的参与度，提升学习效果。通过以学生为中心的教学方法，学生不仅能够更好地掌握知识和技能，还能在学习过程中培养自主学习能力和终身学习能力。

（2）互动性

教师通过设置互动环节，提升学生的参与度，提升学习效果。互动环节是参与式教学法的核心，通过小组讨论、角色扮演、情景模拟等方式，使学生在实际操作中提升语言运用能力和文化理解能力。例如，在学习中国传统节日时，学生可以通过角色扮演重现春节的习俗，用英语介绍春联、年画和剪纸的历史背景；在探讨地方美食文化时，学生可以模拟餐厅点餐场景，用英语描述地方特色菜肴的制作过程及其文化寓意。这种沉浸式的学习方式，不仅能够提升学生的语言表达能力，还能加深他们对地域文化的认知与热爱，为文化传承注入新的活力。

（3）实践性

教师通过设置实际项目和任务，帮助学生在实际操作中提升语言运用能力和文化理

解能力。实践性是参与式教学法的重要特征，通过实际项目和任务，学生能够在真实的情景中应用所学知识和技能，提升实际操作能力。例如，教师可以组织"本地文化英语推介会"，让学生分组调研本地特色文化，如传统手工艺、地方美食或民俗活动，并用英语制作海报、撰写文案，最后进行现场展示。在这个过程中，学生不仅能够提升写作能力和语言运用能力，还能在实际应用中加深对地域文化的理解和应用

（4）多样性

教师采用多样化的教学内容和教学方法，满足不同学生的需求和兴趣。多样化的教学内容和方法能够激发学生的学习兴趣，提升他们的参与度，进而提升学习效果。例如，教师可以结合学生的专业背景和职业需求，选择与旅游管理、商务英语、计算机应用等领域相关的地域文化内容，让学生深切体会到学习内容与自身未来职业发展的紧密联系。此外，教师还可以借助多媒体课件、视频资料、实地考察等多种教学资源，丰富教学内容和方法，提升教学效果。

（5）持续性

教师通过持续的评估和反馈，确保教学质量和效果的持续改进和提升。持续性是参与式教学法的重要保障，通过定期的评估和反馈，教师可以及时了解学生的学习情况和需求，调整教学内容和方法，提升教学效果。通过持续的评估和反馈，教师可以确保教学质量和效果的持续改进和提升，为学生的全面发展和未来的职业生涯奠定坚实基础。

总之，参与式教学法通过精心设计教学内容和活动，引导学生积极参与和主动学习，可以有效提升学生的语言运用能力和文化理解能力，促进地域文化的传播和发展。通过这种以学生为中心、互动性、实践性、多样性和持续性的教学方法，教师可以更好地实现地域文化的传播与发展，提升高职英语教学的整体质量和效果。

（二）地域文化背景下的参与式教学实践

1.参与式教学活动的设计

在地域文化背景下，参与式教学活动的设计需要充分考虑学生的实际需求和兴趣，确保教学内容具有针对性和实用性。例如，教师通过组织参观当地的博物馆、历史遗址以及传统手工艺作坊等活动，让学生亲身体验和了解家乡的文化资源。同时，邀请本地的文化传承人、艺术家或历史学家到课堂进行专题讲座，分享他们的专业知识和实践经验。这些活动不仅能够拓宽学生的视野，还能使他们对地域文化有更深的理解和认同感。

此外，利用现代信息技术手段也是教学中的一个重要环节。教师可以指导学生制作

关于本地文化的英语短视频，或建立在线学习社区，让学生们能够分享自己的作品并互相学习。例如，学生们可以拍摄一段关于本地传统美食制作过程的视频，并配上详细的英文解说。这不仅能增强学生的自主学习能力，还能促进师生间及学生间的互动交流，营造积极的学习氛围。

为了进一步丰富教学内容，教师还可以设计一些项目式学习任务。例如，让学生们分组完成一份关于本地文化保护与发展的调研报告。每个小组可以选择不同的主题，如非物质文化遗产保护、传统建筑修复等。学生们通过实地考察、采访专家和查阅资料等方式收集信息，并用英语撰写报告。最终，各小组可以在课堂上展示他们的研究成果，接受老师和同学们的提问和评价。

这种教学方法不仅能够增强学生对地域文化的自豪感和归属感，也为他们未来的职业发展奠定了坚实的基础。通过将地域文化元素融入英语教学，学生们能够更好地理解和尊重多元文化，从而在全球化的大舞台上展现本土文化的魅力。同时，这也能够帮助他们在未来的职场竞争中脱颖而出，成为具有国际视野的应用型人才。

2.参与式教学活动的实施

参与式教学活动的实施需要遵循一定的步骤和方法，确保教学活动的顺利进行。具体步骤如下：

（1）前期准备

教师需要精心设计教学内容和教学活动，确保教学内容与学生的实际需求和兴趣相匹配。例如，教师可以结合学生的专业背景和职业需求，选择与旅游管理、商务英语、计算机应用等领域相关的地域文化内容，使学生感到学习内容与自己的未来职业发展密切相关。同时，教师需要准备必要的教学资源，如多媒体课件、案例资料、实地考察地点等。这些资源不仅能够丰富教学内容，还能帮助学生更直观地了解和掌握地域文化知识。

（2）导入新课

教师通过导入环节，引起学生对本节课的兴趣和关注。例如，教师可以通过播放一段与地域文化相关的视频，引出本节课的主题。视频内容可以包括江南水乡的自然风光、古典园林的历史背景、民俗活动的特色等，通过视觉和听觉的双重刺激，吸引学生的注意力，激发他们的学习兴趣。导入环节不仅是引起学生兴趣的关键，还能为后续的教学活动做好铺垫，使学生在进入正式学习时有一个良好的开端。

（3）知识讲解

教师通过讲解和演示，介绍与地域文化相关的背景知识和实际应用。例如，教师在讲解有关旅游接待的知识时，可以结合江南水乡的古典园林，介绍园林的建筑风格、历史典故和文化象征，使学生在学习专业英语的同时，深入了解地域文化。

（4）互动环节

教师设置小组讨论、角色扮演、情景模拟等互动环节，帮助学生在实际操作中提升语言运用能力和文化理解能力。例如，教师可以设置小组讨论，让学生在小组内分享自己对地域文化的了解和看法，通过互动和交流，提升学生的参与度，提升学习效果。

（5）项目任务

教师布置项目任务，要求学生在完成任务时融入地域文化元素。通过实际项目任务，学生不仅能够提升写作能力和语言运用能力，还能在实际操作中加深对地域文化的理解和应用。项目任务不仅能够提升学生的实际操作能力，还能培养他们的创新思维和团队合作精神。

（6）评估反馈

教师通过项目评估、案例分析、情景模拟等多种方式，全面评估学生的综合能力和实际操作能力，并及时给予反馈和指导。评估反馈不仅是检验学生学习成果的重要环节，还能帮助学生及时发现和改正不足，提升学习效果。

3.参与式教学活动的评价与反馈

参与式教学活动的评价与反馈是确保教学效果的重要环节。教师可以通过多种方式进行评价与反馈，确保教学活动的有效性和持续改进。具体方法如下：

（1）项目评估

教师通过评估学生的项目成果，如研究报告、展示作品等，全面评估学生的实际操作能力。例如，教师可以评估学生的研究报告，检查学生在研究方法、资料整理、内容分析等方面的表现，确保学生在项目中能够全面展示他们的研究成果。

（2）案例分析

教师通过分析学生在实际操作中的表现，评估学生的语言运用能力和文化理解能力。例如，教师可以通过分析学生在"导游讲解"角色扮演中的表现，检查学生的语言表达能力、文化知识运用能力等。通过案例分析，教师可以了解学生在实际操作中的优点和不足，及时给予反馈和指导，帮助学生提升语言运用能力和文化理解能力。

（3）情景模拟

教师通过设置情景模拟环节，评估学生在实际情景中的语言运用能力和跨文化交际能力。例如，教师可以设置"旅游接待"情景模拟，要求学生在模拟接待游客的过程中，运用英语进行沟通和交流，融入地域文化元素。通过情景模拟，教师可以观察学生在实际情景中的表现，评估他们的语言运用能力和跨文化交际能力，及时给予反馈和指导，帮助学生提升实际操作能力。

（4）反馈和指导

教师通过及时的反馈和指导，帮助学生发现和解决问题，进而提升学生的学习效果。教师可以通过书面反馈、口头反馈、个别辅导等方式，及时向学生提供反馈和指导。例如，在项目评估结束后，教师可以向学生提供详细的书面反馈，指出他们的优点和不足，并提出改进建议；在课堂上，教师可以通过口头反馈，及时纠正学生的错误，鼓励他们的正确做法；在课后，教师可以通过个别辅导，帮助学生解决学习中的困难。通过及时的反馈和指导，教师可以确保教学活动的有效性和持续改进，帮助学生不断提升参与度。

总之，参与式教学法通过精心设计教学活动，确保教学内容兼具针对性与实用性，能够有效提升学生的语言运用能力和文化理解能力。教师遵循既定的步骤与方法，不仅能保障教学活动的顺利进行，还能提升学生的参与度，进而优化学习效果。此外，借助多样化的评价与反馈机制，能够确保教学效果的持续提升与改进，为学生的全面发展及未来的职业生涯奠定坚实基础。

（三）参与式教学法在地域文化传播中的价值

1.参与式教学法对地域文化传播的贡献

参与式教学法在地域文化传播中具有重要的贡献。参与式教学法能够显著提升学生的参与度。通过设置具体的任务和项目，学生在课堂上更愿意表达自己的观点和想法，更积极地参与地域文化的学习和实践。

参与式教学法能够促进地域文化的传播。通过实际项目和任务，学生能够将地域文化元素融入自己的未来工作中，提升服务质量。

2.参与式教学法在提升学生文化认同感方面的作用

就我国的地域文化而言，参与式教学法在提升学生文化认同感方面具有重要作用。通过将地域文化元素融入教学内容和教学活动中，学生能够更直观地体验地域文化，从而加深对地域文化的认知与理解。例如，通过参与与地域文化相关的教学活动，学生不仅能更深入地感受地域文化的魅力，还能增强对文化的认同感和自豪感。这些活动不仅使学生在学习过程中获得更多乐趣与成就感，还能激发他们更积极地参与课堂互动，进一步提升对地域文化的认同与热爱。

3.参与式教学法在培养学生实践能力方面的意义

参与式教学法在培养学生实践能力方面具有重要意义。通过完成具体项目和任务，学生能够提升语言运用能力和文化理解能力。例如，学生可以编写一份关于江南水乡的旅游手册，详细介绍当地的古典园林和文化背景。通过这一任务，学生不仅能提升写作能力和语言运用能力，还能在实践中加深对地域文化的理解与应用。这种实践能力的培养不仅能够提升学生的就业竞争力，还能为地方文化和经济发展做出积极贡献。总之，在地域文化背景下，参与式教学法在高职英语教学中具有重要的应用价值。通过激发学生兴趣、增强教学互动性、创设学生积极参与的教学环境，参与式教学法不仅能提升学生的英语学习效果，还能促进地域文化的传播与发展。

第三节 情景教学法

在地域文化背景下，情景教学法在高职英语教学中具有重要的应用价值。将地域文化元素有机融入情景教学，不仅能有效提升学生的语言运用能力和跨文化交际能力，还能深化其对地域文化的认知与理解。本节将从情景教学法中的地域文化元素、情景教学法的效果评估与反馈两个方面，详细探讨这些问题及其解决方案。

一、情景教学法中的地域文化元素

（一）地域文化元素在情景教学法中的重要性

1.地域文化元素对情景教学法的影响

地域文化元素在情景教学法中具有重要的影响。地域文化元素包括当地的风俗习惯、历史传统、地理环境、社会生活等方面的内容，这些元素能够丰富教学内容，使教学更加生动有趣，提升学生的参与度和学习兴趣。

地域文化元素能够增强教学的针对性和实用性，使教学内容更加贴近学生的实际需求和职业发展要求。例如，对于旅游管理专业的学生，通过引入与旅游相关的地域文化元素，可以帮助他们更好地掌握旅游行业的专业知识和技能。

2.地域文化元素在情景教学法中的作用

地域文化元素在情景教学法中具有多重作用。地域文化元素能够提供丰富的教学素材，使教学内容更加丰富多彩。这些素材不仅包括当地的自然景观、历史遗迹、传统节日等，还涵盖地方特色美食、民间艺术、方言俗语等。通过将这些地域文化元素融入教学，学生能够在学习语言知识的同时，深入了解和感受本土文化的魅力。

地域文化元素能够增强学生的文化认同感和自豪感，使他们在学习过程中更有动力和激情。例如，当学生在英语课堂上学习到与家乡相似的自然景观或文化习俗时，会产生强烈的共鸣。如果学生来自以山水风光闻名的地区，教师在讲解描述自然景观的英语词汇和句型时，可以引用学生熟悉的家乡景色作为教学素材。这种联系不仅让学生感到亲切，还能激发他们用英语介绍家乡美景的热情，从而更加积极地参与到学习活动中。同时，学生在学习过程中也会更加珍视和自豪于自己的地域文化，这有助于进一步增强文化认同感。

地域文化元素有助于提升学生的跨文化交际能力，使其在实际工作中能够更好地与来自不同文化背景的人士进行交流与合作。例如，在"国际旅游接待"的情景设置中，学生需要接待来自不同国家和地区的游客，运用英语进行有效沟通，同时融入地域文化元素，如介绍当地的名胜古迹、传统手工艺和特色美食等。通过这种实践操作，学生不仅能够提升语言运用能力，还能增强跨文化交际能力和实际操作技能，为未来的职业发展奠定坚实基础。

3.地域文化元素与情景教学法的结合点

地域文化元素与情景教学法的结合主要体现在以下几个方面：首先，在教学目标上，两者都致力于提升学生的综合素养。情景教学法注重通过情景体验培养学生的语言运用能力、思维能力和情感态度，而地域文化元素的融入则进一步深化了教学目标，使学生在学习语言的同时，能够更好地理解和传承本土文化，增强文化自信与民族精神。其次，在教学内容上，地域文化元素为情景教学法提供了丰富的素材支持。教师可以根据教学主题和学生特点，选取合适的地域文化元素融入教学中。例如，在讲解某地的地理环境时，教师可以引入当地的自然风光和地理特征，使学生在学习英语表达的同时，也能领略当地的自然之美与独特性。最后，在教学方法上，地域文化元素为情景教学法开拓了更多创新的可能。教师可以借助地域文化元素，设计更具趣味性和互动性的教学活动。例如，在讲授某地的历史文化时，教师可以组织学生进行角色扮演，让学生通过扮演历史人物、对话和表演的形式，亲身体验历史事件的演变过程，从而更深入地理解历史知识。

（二）地域文化元素在情景教学法中的融入方法

1.地域文化元素的筛选与整合

在情景教学法中，地域文化元素的筛选与整合是确保教学效果的重要环节。教师需要根据教学目标和学生的需求，选择与教学内容相关的地域文化元素。例如，在教授英语国家的风俗习惯时，可以选择当地的传统节日、婚俗等作为地域文化元素，这些元素与教学内容密切相关，能够帮助学生更好地理解英语国家的文化。

在选择地域文化元素时，教师需要考虑以下几个方面：一是元素的代表性，即选择能够充分体现地域文化特色的元素；二是元素的教育价值，即选择能够帮助学生提升语言运用能力和跨文化交际能力的元素；三是元素的可操作性，即选择能够在教学中实际应用和操作的元素，如实地考察、角色扮演等。通过综合考虑这些方面，教师可以筛选出最合适的地域文化元素，确保教学内容的丰富性和实用性。

在选定地域文化元素后，教师需要将这些元素与教学内容进行整合，确保教学内容的连贯性和系统性。整合地域文化元素时，要根据教学内容和教学流程，将这些元素有机地融入教学设计中，使其与教学活动相辅相成。例如，在教授英语国家的饮食文化时，教师可以将当地的美食文化与英语教学相结合，通过介绍当地美食的制作方法、食材特点等，引导学生学习相关的英语表达，从而丰富教学内容。

2.地域文化元素在情景教学法中的运用技巧

地域文化元素在情景教学法中的运用技巧主要包括情境创设、角色扮演和项目驱动三种方式。情境创设是通过运用地域文化元素，营造出具有浓厚地方文化氛围的教学情境，让学生在情境中感受和体验知识。例如，在教授英语国家的旅游文化时，教师可以利用当地旅游景点的图片、视频等资料，创设出旅游场景，让学生仿佛置身于旅游景点中，更直观地学习相关的英语表达。

角色扮演则是让学生扮演与地域文化相关的角色，通过角色体验，加深对知识的理解和记忆。例如，在教授英语国家的商务文化时，教师可以让学生扮演商务人士，进行商务谈判、产品推介等角色扮演活动，学生在角色扮演过程中，能够更深入地了解商务文化中的语言运用和交际技巧，从而提升自己的商务英语能力。

项目驱动则是以地域文化元素为依托，设计具有探究性和实践性的教学项目，引导学生通过项目实施，综合运用所学知识和技能，解决实际问题。例如，在教授英语国家的环保理念时，教师可以设计"家乡的环保行动"项目，让学生以小组为单位，调查当地环保现状，分析存在的问题，并提出相应的解决方案，学生在项目实施过程中，不仅能够加深对环保知识的理解，还能培养实践能力和团队合作精神。

总之，教师将地域文化元素融入情景教学中，不仅能有效提升学生的语言运用能力和跨文化交际能力，还能深化学生对地域文化的认知与理解。这种教学方法不仅有助于激发学生的学习兴趣，更能为其职业发展奠定坚实基础。通过精心设计教学内容和活动，教师能够确保教学内容的针对性和实用性，从而更好地促进地域文化的传播与发展，显著提升高职英语教学的整体质量与效果。

（三）地域文化元素在情景教学法中的实际运用

1.情景教学活动的设计与实施

在情景教学活动中，设计与实施是关键环节。首先，要根据教学目标和学生的实际情况，确定情景教学活动的主题。主题的选择要紧密结合地域文化元素，能够激发学生的兴趣和探究欲望。例如，在高职英语口语教学中，可以确定"家乡的美食"为主题，引导学生介绍当地的传统美食，通过这种方式，既能够提升学生的口语表达能力，又能够传承和弘扬本土美食文化。

在确定主题后，要设计具体的教学活动流程。以"家乡的美食"为例，教学活动可以分为以下几个环节：导入环节，教师通过展示当地美食的图片或视频，引出教学主题，激发学生的兴趣;知识讲解环节,教师介绍美食的制作方法、食材特点、文化背景等相关知识,为学生后续的口语表达奠定基础;口语练习环节,学生分组进行口语练习,互相介绍自己家乡的美食,教师在旁巡视指导,鼓励学生运用所学的英语表达;成果展示环节,每组学生推选一名代表,向全班介绍自己家乡的美食,其他学生进行提问和交流,教师进行点评和总结。

在实施情景教学活动时,教师要注意营造宽松、和谐的课堂氛围,鼓励学生积极参与,充分发挥学生的主体作用。同时,要合理安排教学时间和教学资源,确保教学活动的顺利进行。

2.地域文化元素在情景教学法中的效果展示

地域文化元素在情景教学法中的效果主要体现在学生的学习成果和综合素质提升方面。在学习成果上,通过情景教学活动,学生能够更好地掌握语言知识和技能。例如,在高职英语写作教学中,学生在学习了当地的历史文化后,能够运用所学的英语知识,写出介绍家乡文化的文章,这些文章不仅展示了学生的学习成果,也体现了地域文化元素在教学中的实际效果。

在综合素质提升方面,学生通过参与融入地域文化元素的情景教学活动,其文化素养、跨文化交际能力、实践能力和创新思维等都得到了有效培养。例如,在高职英语听力教学中,学生在学习了不同国家的音乐文化后,对音乐的感知能力和欣赏能力得到了提升,同时在听力练习中,学生的听力理解能力和跨文化交际能力也得到了锻炼和发展。

为了更好地展示这些效果,教师可以组织一些成果展示活动,如学生作品展览、口语比赛等。通过这些活动,不仅能够展示学生的学习成果,还能增强学生的自信心和成就感,进一步激发学生的学习兴趣和积极性。

3.情景教学法中地域文化元素的实际运用案例

以某高职院校旅游专业为例:

(1)前期准备

第一,教材分析与资源整合。教师以"旅游文化"课程为基础,结合本地地域文化特色(如河南的陕州地坑院、龙门石窟、洛阳古城等),筛选与课程目标契合的文化元素。通过实地调研、文献整理、影像资料收集等方式,建立地域文化资源库,包括建筑风格、民俗活动、历史典故等内容。例如,针对陕州地坑院,要整理其建筑特点(下沉式四合院布局、黄土窑洞结构)、文化内涵(天人合一理念、家族聚居传统)及旅游开发案例。

第二，学生分组与任务分工。将班级分为4~6人小组，每组负责一个地域文化主题（如"传统民居""节庆习俗""非遗技艺"）。提前布置预习任务，要求学生通过线上平台（如学习通）查阅相关文献，并提交200字的文化元素分析报告，为课堂互动奠定基础。

第三，教具与场景设计。准备多媒体素材（如豫剧表演视频、地坑院3D模型）、实物道具（仿制唐三彩、剪纸工具），并利用虚拟仿真技术搭建河南古城虚拟游览场景，增强课堂沉浸感。

（2）导入新课

第一，情景创设：文化视听体验。播放《风起洛阳》纪录片片段，展示洛阳应天门夜景、唐三彩制作工艺、水席宴等场景，配合豫剧背景音乐，快速吸引学生注意力。

提问："如果让你设计一条洛阳文化体验路线，你会选择哪些元素？为什么？"引导学生初步思考地域文化与旅游产品的关联性。

第二，案例引入：地坑院旅游开发。展示陕州地坑院火灾后修复案例，抛出问题："如何在保护传统建筑的同时满足现代旅游需求？"通过矛盾点激发学生探究兴趣，引出"文化保护与旅游开发平衡"的课程主题。

（3）知识讲解

第一，理论框架梳理。结合"地域文化—旅游产品"转化模型，解析文化元素的三个层次：

物质层：建筑、服饰、饮食（如地坑院的黄土结构、胡辣汤制作技艺）；

行为层：节庆活动、手工艺体验（如少林功夫表演、汴绣DIY）；

精神层：价值观、审美观（如中原"和合"文化、豫剧的忠孝主题）。

第二，案例分析：龙门石窟导游词设计。以龙门石窟为例，对比中英文导游词差异，强调文化符号的翻译策略，培养学生跨文化传播意识。

（4）布置任务

第一，情景模拟项目。要求各小组以"郑州商都文化节"为背景，完成以下任务：

①设计一条包含3个文化体验点的半日游线路；②撰写一段5分钟的情景剧脚本（如游客与非遗传承人互动）；③制作PPT，要包含AR扫码展示功能（扫描虚拟场景中的青铜器可播放铸造工艺动画）。

第二，角色分配。每组设项目经理、文化研究员、脚本编剧、技术操作员等角色，模拟旅游企业真实分工，强化职业能力训练。

（5）互动环节

第一，情景剧展演。小组在虚拟仿真实训室表演"北宋汴京一日游"情景剧。例如：

学生 A 扮演导游，用河南方言讲解《清明上河图》中的市井文化；

学生 B 扮演游客，体验投壶、雕版印刷等传统游戏；

通过智能终端实时收集"游客"满意度数据，作为改进依据。

第二，辩论赛：商业化 VS 原真性。设置辩题"非遗技艺是否应迎合游客喜好进行改良"，正反方引用开封朱仙镇木版年画、禹州钧瓷等案例论证，教师最后总结"创新需守住文化基因"的原则。

（6）评估反馈

第一，多维度评价体系。自评：小组填写"文化转化能力量表"，从创意性、可行性等维度打分；互评：通过"雨课堂"匿名评价其他组的情景剧逻辑性与文化深度；教师评：结合任务成果（40%）、课堂表现（30%）、文化敏感度（30%）加权评分。

第二，反馈与优化。针对常见问题（如线路设计同质化）开设专题讲座，邀请文旅企业专家分享"只有河南·戏剧幻城"项目运营经验，帮助学生理解市场需求与文化表达的平衡策略。

通过以上步骤，学生不仅能掌握地域文化挖掘、旅游产品设计等核心技能，还能在情景模拟中提升沟通协作、危机处理等职业素养。例如，某小组开发的"豫见·二十四节气"研学产品，将登封观星台天文文化与农家采摘结合，已获本地旅行社采纳试点，印证了情景教学法的实践价值。

二、情景教学法的效果评估与反馈

（一）情景教学法效果评估的方法

1.评估方式与指标的选择

情景教学法效果评估的方式与指标选择是确保评估效果的重要环节。教师需要选择合适的评估方式，如问卷调查、项目评估、案例分析、情景模拟等，确保评估的全面性和科学性。这些方式不仅能够从多个角度评估学生的综合能力，还能为教师提供丰富的反馈信息，帮助其改进教学方法和提升教学质量。

在选择评估方式时，教师需要考虑以下几点：一是方式的适用性，即选择的方式是否适合当前的教学内容和教学目标；二是方式的科学性，即选择的方式是否能够准确、客观地评估学生的综合能力；三是方式的可操作性，即选择的方式是否便于实施和操作。例如，问卷调查可以用于了解学生对教学内容和教学方法的满意度；项目评估可以用于评估学生的实际操作能力；案例分析可以用于评估学生的语言运用能力和文化理解能力；情景模拟可以用于评估学生在实际情景中的语言运用能力和跨文化交际能力。

同时，教师需要选择合适的评估指标，如学生的学习成效、教学目标达成情况、教学方法的有效性等，确保评估的针对性和实用性。评估指标的选择需要与教学目标和教学内容紧密相关，确保评估结果能够反映教学的实际效果。通过这些评估指标，教师可以全面、准确地评估学生的综合能力，为教学改进提供科学依据。

2.评估过程及实施步骤

（1）前期准备

教师需要准备必要的评估方式和评估指标，确保评估的全面性和科学性。这包括设计问卷调查表、制定项目评估标准、准备案例分析材料、设定情景模拟场景等。同时，教师需要向学生明确评估的目的和要求，确保学生对评估有清晰的认识和准备。例如，教师可以在评估前向学生解释评估的目的、方法和流程，确保学生能够积极配合评估工作，提供真实、准确的反馈信息。

（2）评估实施

教师通过问卷调查、项目评估、案例分析、情景模拟等多种方式，全面评估学生的综合能力。例如，教师可以通过问卷调查，了解学生对教学内容和教学方法的满意度；通过项目评估，评估学生的实际操作能力；通过案例分析，评估学生的语言运用能力和文化理解能力；通过情景模拟，评估学生在实际情景中的语言运用能力和跨文化交际能力。在实施评估过程中，教师需要确保评估的公正性和客观性，避免主观偏见和误差，确保评估结果的真实性和可靠性。

（3）评估结果的统计分析

教师通过统计分析，评估学生的综合能力，及时发现和解决问题，提升教学效果。例如，教师可以通过描述性统计分析，了解学生在不同评估指标上的表现情况；通过推断性统计分析，评估学生在地域文化理解和应用方面的能力；通过多变量统计分析，分析学生在不同维度上的综合表现。通过这些统计分析方法，教师可以全面、准确地评估学生的综合能力，为教学改进提供科学依据。

3.评估结果的统计分析方法

评估结果的统计分析是确保评估效果的重要环节。教师可以通过多种统计分析方法，全面评估学生的综合能力和实际操作能力。

描述性统计分析用于了解学生在不同评估指标上的表现情况，如平均分、标准差、最高分和最低分等，这些数据能够反映学生在各项评估指标上的总体表现。通过描述性统计分析，教师可以快速了解学生在各项评估指标上的基本表现，为进一步的分析提供基础数据。

推断性统计分析则用于评估学生在特定领域的表现，如地域文化理解和应用能力。例如，教师可以通过 T 检验或方差分析，比较不同组别的学生在地域文化理解和应用方面的差异，评估教学方法的有效性和教学目标的达成情况。通过推断性统计分析，教师可以了解不同教学方法对学生成绩的影响，为教学改进提供科学依据。

多变量统计分析则用于综合评估学生的多维度表现，如语言运用能力、文化理解能力、跨文化交际能力等。例如，教师可以通过因子分析或回归分析，分析学生在不同维度上的综合表现，评估学生在多方面的综合能力。通过多变量统计分析，教师可以全面、准确地评估学生的实际操作能力，为教学改进提供全面的数据支持。

运用这些统计分析方法，教师能够全面、准确地评估学生的综合能力，及时发现并解决教学中的问题，从而有效提升教学效果。例如，当评估结果表明学生在跨文化交际能力方面存在欠缺时，教师便可有针对性地强化这一方面的教学，设计更多互动环节和实践任务，以切实提升学生的跨文化交际能力。通过科学评估与及时反馈，教师得以持续优化教学方法和内容，提升教学质量与效果，进而更好地推动地域文化的传播与发展，全面提升高职英语教学的整体水平。

（二）情景教学法效果评估的指标

1.学生学习成效的评估

学生学习成效的评估是情景教学法效果评估的重要指标之一。教师可采取多种方式评估学生的学习成效，其中项目评估是衡量学生实际操作能力的有效方法。以旅游手册编写为例，教师可以通过评估学生的作品，考查其对当地自然风光、建筑风格、风俗习惯等内容的介绍是否准确，语言表述是否流畅，内容是否充实有趣。通过这种项目评估方式，教师能够全面掌握学生的实践表现，及时发现并解决问题，从而提升教学效果。

案例分析是评估学生语言运用能力和文化理解能力的重要手段。教师可以通过分析学生在实践中的表现，如在导游讲解时的语言表达、对文化背景的介绍以及与游客的互动等，评估其是否能够准确、流利地运用英语进行沟通，是否能够深入理解并介绍地域文化。通过案例分析，教师可深入了解学生在实践中的优点和不足，并为其提供具体的改进建议，从而有效提升学生的语言运用能力和文化理解能力。

情景模拟则是在实际情景中评估学生语言运用能力和跨文化交际能力的有效方法。例如，教师可创设"旅游接待"情景，要求学生运用英语接待来自不同国家和地区的游客，并在交流中融入地域文化元素。通过情景模拟，教师能够全面评估学生的语言运用能力与跨文化交际能力，及时提供反馈与指导，从而提升学生的实际操作能力。

2.教学目标达成的评估

教学目标达成的评估是情景教学法效果评估的重要指标之一。在高职英语教学中，将情景教学法融入地域文化元素，能够有效提升学生的语言运用能力、文化素养和综合职业能力。在评估教学目标达成情况时，可以从以下几个方面进行：

知识目标达成评估：通过测试、作业等方式，评估学生对地域文化相关英语词汇、表达方式和语言知识的掌握程度。例如，检查学生是否能够准确使用英语介绍当地的旅游景点、特色美食、传统节日等。如果学生能够熟练运用所学知识进行描述和表达，说明知识目标达成情况良好。

技能目标达成评估：通过口语展示、写作任务等方式，评估学生的英语听说读写技能是否得到提升。例如，在口语展示环节，学生需要用英语向同学介绍当地的地域文化特色，评估他们的口语表达能力、发音准确性、语言流利度等方面。在写作任务中，学生需要用英语撰写关于地域文化的短文，评估他们的写作能力、语法运用和词汇丰富度等。

情感态度与价值观目标达成评估：通过问卷调查、课堂观察等方式，评估学生对地域文化的认同感和自豪感是否增强，以及他们在学习过程中的积极性和参与度。例如，问卷调查可以了解学生对地域文化融入英语教学的看法和感受，课堂观察可以记录学生在情景教学活动中的参与情况和情感表现。

通过对教学目标达成情况的评估，教师可以了解情景教学法中地域文化元素的实际效果，发现教学过程中存在的问题和不足之处，从而及时调整教学策略，优化教学内容和方法，进一步提升教学质量和学生的学习效果。同时，评估结果也可以为其他教师提供参考，促进高职英语教学的不断改进和发展。

3.教学方法有效性的评估

教学方法有效性的评估是情景教学法效果评估的重要指标之一。在高职英语教学中，融入地域文化元素的情景教学法旨在提升学生的英语应用能力，同时增强他们对本土文化的理解和认同。评估这一教学方法的有效性，需要从多个维度进行综合考量。

首先，从学生的语言能力提升来看，教学方法的有效性可以通过学生的英语听说读写能力的提升来体现。在情景教学中，学生通过模拟真实的工作和生活场景，如旅游景点介绍、地方美食推荐等，能够更直观地理解和运用英语。例如，在模拟旅游景点介绍的场景中，学生需要用英语描述景点的特色、历史背景以及相关的故事，这不仅锻炼了他们的口语表达能力，还加深了他们对地域文化的理解。通过定期的口语测试和写作任务，教师可以评估学生在语言能力上的进步，从而判断教学方法的有效性。

其次，从学生的文化素养和跨文化交际能力来看，教学方法的有效性可以通过学生对地域文化的认知和跨文化交际能力的提升来评估。在情景教学中，学生不仅能学习英语语言知识，还能了解不同地区的文化背景和风俗习惯。例如，在学习地方美食的场景中，学生需要了解不同地区的饮食文化、食材特点以及烹饪方法，这有助于他们拓宽文化视野，提升跨文化交际能力。通过问卷调查和课堂讨论，教师可以了解学生对地域文化的认知程度和跨文化交际能力的提升情况，从而评估教学方法的有效性。

再次，从学生的参与度和学习兴趣来看，教学方法的有效性可以通过学生的课堂参与度和学习兴趣的提升来体现。在情景教学中，学生通过参与各种互动活动，如角色扮演、小组讨论等，能够更积极地投入到学习中。例如，在模拟商务谈判的场景中，学生需要分组进行角色扮演，这不仅提升了他们的团队合作能力，还激发了他们的学习兴趣。通过课堂观察和学生反馈，教师可以了解学生的课堂参与度和学习兴趣的变化，从而评估教学方法的有效性。

最后，从教学目标的达成情况来看，教学方法的有效性可以通过教学目标的达成程度来评估。在情景教学中，教师需要根据教学大纲和学生的需求，设定明确的教学目标。例如，在旅游管理专业的英语教学中，教师可以设定提升学生英语口语表达能力、增强学生对地域文化的理解等教学目标。通过定期的教学评估和反馈，教师可以了解教学目标的达成情况，从而评估教学方法的有效性。

综上所述，教学方法有效性的评估需要从学生的语言能力提升、文化素养和跨文化交际能力的提升、课堂参与度和学习兴趣的提升以及教学目标的达成情况等多个维度进行综合考量。在高职英语教学中，融入地域文化元素的情景教学法能够有效提升学生的英语应用能力，同时增强他们对本土文化的理解和认同。通过科学的评估方法，教师可以不断优化教学方法，提升教学质量，为学生的未来发展打下坚实的基础。

（三）情景教学法的反馈及改进措施

1.学生反馈的收集与分析

学生反馈的收集与分析是情景教学法效果评估的重要环节。教师可以通过多种方式收集学生反馈，如问卷调查、小组讨论、个别访谈等。这些反馈方式不仅能够帮助教师全面、准确地了解学生的需求和意见，还能为教学改进提供科学依据。

通过问卷调查，教师可以了解学生对教学内容和教学方法的满意度，收集学生对教学活动的具体建议。问卷调查可以设计成开放式问题和封闭式问题相结合的形式，教师既能够获取定量数据，也能收集定性反馈，从而全面了解学生的学习体验。

小组讨论是一种高效的反馈收集方式。教师可组织学生开展小组讨论，深入了解他们在实践操作中遇到的问题与困难。通过这种方式，教师能够直接听取学生的真实反馈，掌握他们在学习过程中遇到的具体问题，如语言表达的困扰、文化背景理解的欠缺等。这种面对面的交流不仅有助于增进师生互动，更能帮助教师及时识别并解决学生在学习中的各类问题。

个别访谈则适用于教师深入了解个别学生的学习情况。通过一对一的访谈，教师可以更细致地了解学生的学习态度、学习方法和学习效果，从而提供个性化的指导和支持。

通过这些反馈方式，教师可以全面、准确地掌握学生的需求与意见，及时发现问题并予以解决，从而提升教学效果。例如，当学生普遍反映某个教学环节难度较大时，教师便可调整教学内容与方法，增加相应的辅助材料与练习环节，帮助学生突破学习瓶颈。借助科学的反馈机制，教师得以持续优化教学设计，增强教学效果，进而促进学生的全面发展与职业成长。

2.教师反思与自我评估

教师反思与自我评估是情景教学法效果评估的重要环节。教师需要定期进行教学反思，总结教学中的经验和教训，提出改进措施。教学反思不仅能够帮助教师总结成功的教学经验，还能帮助教师发现和解决教学中存在的问题。例如，教师可以通过教学日志，记录每次教学的实施情况和学生的表现，总结教学中的成功经验和存在的问题。教学日志可以详细记录教学过程中的各个环节，包括教学设计、教学实施、学生反馈等，为教师提供全面的教学记录。

通过教学反思,教师可以分析教学中存在的问题和原因,并提出改进措施。例如,如果学生在某个教学环节的参与度较低,教师可以反思教学设计是否合理,是否有足够的互动环节,是否能够激发学生的兴趣。通过深入分析,教师可以提出具体的改进措施,如增加互动环节、引入更多实际案例、调整教学节奏等。自我评估也是教师反思的重要组成部分。教师可以通过自我评估,评估自己的教学能力和教学效果,提出自我提升的目标和计划。例如,教师可以定期参加教学培训和研讨会,学习新的教学理念和方法,提升自己的教学水平。

通过持续的反思与自我评估,教师能够不断提升教学能力,优化教学效果,从而更好地适应学生需求的变化,促进学生的全面发展和职业成长。具体而言,教师可以通过反思与改进不断优化教学设计,提升教学效果,使学生在学习过程中不仅掌握语言知识与技能,还能增强跨文化交际能力与实际操作能力,为其未来的职业发展奠定坚实基础。

3.教学改进策略的制定与实施

教学改进策略的制定与实施是情景教学法效果评估的重要环节。教师需要根据评估结果和学生反馈,制定具体的教学改进策略,并在实际教学中加以实施。这些改进措施不仅能够帮助教师解决教学中存在的问题,还能提升教学效果,促进学生的全面发展和职业成长。

如果评估结果显示学生在某些教学内容上的掌握情况不佳,教师可以增加相关教学内容的讲解和练习,提升学生对教学内容的掌握程度。例如,教师可以设计更多的实际操作任务,要求学生在完成任务时融入地域文化元素,提升学生的实际操作能力和文化理解能力。通过增加实际操作任务,教师可以更好地帮助学生巩固所学知识,提升学习效果。

如果评估结果显示学生在某些教学方法上的反应不佳,教师可以尝试其他教学方法,如项目驱动教学法、合作学习法、案例分析法等,激发学生的学习兴趣和积极性。例如,教师可以设计与地域文化相关的项目,让学生分组完成,如制作关于当地旅游景点的英语宣传册,或编写关于地方特色美食的英语介绍。这种项目驱动教学法能够让学生在实际操作中运用英语,提升他们的语言应用能力和团队合作能力。此外,教师还可以组织学生进行角色扮演,模拟在不同地域文化背景下的交流场景,如在英语角或模拟商务谈判中,让学生扮演不同角色,运用英语进行沟通和协商。通过这些多样化的教学方法，教师可以有效提升学生的参与度，增强他们的学习体验，从而提升教学效果。

如果评估结果显示学生在某些教学活动中的表现不佳，教师可优化活动的设计与实施，以提升学生的实际操作能力和文化理解能力。例如，教师可依据学生的实际水平，调整教学活动的难度与复杂度，使其更加贴合学生需求。此外，教师还可提供更多指导与支持，帮助学生克服学习困难，进一步强化其实际操作能力和文化理解能力。通过优化教学设计与实施，教师能更有效地满足学生需求，从而提升整体教学效果。

在地域文化背景下，情景教学法在高职英语教学中展现出重要的应用价值。教师通过将地域文化元素融入情景教学，不仅能提升学生的语言运用能力和跨文化交际能力，还能加深他们对地域文化的认知与理解。借助科学的评估和反馈机制，教师能够及时发现并解决问题，持续优化教学效果，推动学生的全面发展和职业成长。通过这一系列实践，教师能够更有效地促进地域文化的传播与发展，从而提升高职英语教学的整体质量与效果。

第四节 电影教学法

在地域文化背景下，电影教学法作为一种新颖且富有成效的教学方法，展现出独特的应用价值。借助电影中的地域文化呈现与解读，学生不仅能提升英语语言能力，还能深化对地域文化的理解与认同。本节将从电影中的地域文化呈现与解读、电影教学法对学生跨文化理解力的影响两个方面，深入探讨这些问题及其解决方案。

一、电影中的地域文化呈现与解读

（一）电影教学法的内涵与特点

1. 电影教学法的定义

电影教学法是指利用电影作为教学资源，通过观看、分析和讨论电影中的语言、文化和社会现象，提升学生的语言运用能力和跨文化交际能力的一种教学方法。电影教学法不仅重视学生的语言知识与技能，还强调培养其文化素养。通过将电影中的语言和文化元素与课堂教学紧密结合，学生在享受电影视听盛宴的同时，能够深刻理解并灵活运用所学知识，从而全面提升综合能力。

2.电影教学法的特点

（1）生动性

电影作为一种视听媒介，能够提供丰富的视觉与听觉信息，使教学内容更加生动有趣，从而提升学生的参与度和学习兴趣。通过观看电影，学生可以直观地感受语言在实际生活中的运用，体会不同文化背景下的表达方式与情感传递。例如，在观看展现江南水乡生活的电影时，学生能够更直观地领略江南的自然风光、建筑风格与民俗活动，从而加深对江南水乡文化的理解与认同。

（2）真实性

电影作为现实语言与文化的生动映照，为学生提供了真实的语言环境，使其能够更好地学习并运用英语，从而提升语言实践能力与跨文化沟通技巧。通过观看电影中的真实对话场景，学生得以更直观地体悟语言的自然表达，并深入了解不同文化背景下的交际模式与文化习俗。例如，通过观看展现岭南地区民俗活动的影片，学生能够全面了解该地区的传统节日、民间传说以及地方特色，进而深化对岭南文化的理解与认同。

（3）综合性

电影教学法不仅涵盖语言知识与技能，还涉及文化背景、社会现象、历史事件等内容，具有显著的综合性。通过解析电影中的各类元素，学生能够全面把握地域文化的多个维度，从而提升综合素养。例如，通过分析电影中的建筑风格、服饰特征、饮食习俗等，学生可以深刻领略地域文化的独特魅力，进而增强对其认知与理解。

（4）互动性

电影教学法通过设置讨论、分析和角色扮演等互动环节，提升学生的参与度和学习效果。在小组讨论中，学生有机会分享各自的观点与想法，从而增强合作能力与批判性思维。而在角色扮演环节，学生得以模拟电影中的对话与情节，亲身体验角色，这不仅能够提升语言运用能力，还能够加强跨文化交际能力。

（5）灵活性

电影教学法能够依据学生的实际需求与兴趣，灵活选取各类电影并设计教学活动，从而满足不同学生的需求。教师可根据教学目标及学生特点，挑选不同题材与风格的影片，并设计相应的教学活动，以增强教学的针对性和有效性。例如，针对旅游管理专业的学生，教师可选择与旅游相关的电影，如展示著名旅游景点的影片，帮助学生深入了解并掌握旅游行业的专业知识与技能。

3.电影教学法在英语教学中的应用

电影教学法在英语教学中的应用具有广泛性和多样性。通过观看电影，学生可以提升听、说、读、写等语言技能。例如，通过观看英语电影，学生可以提升听力和口语能力；通过阅读电影剧本，学生可以提升阅读和写作能力。电影中的真实对话和情节不仅能够帮助学生提升语言理解能力，还能增强他们的语言表达能力。通过反复观看和模仿，学生可以更自然地掌握英语的语音、语调和表达方式。

通过分析电影中的语言和文化现象，学生可以提升跨文化交际能力，进而提升文化素养。例如，通过分析电影中的对话和情节，学生可以了解不同文化背景下的交际方式和文化习俗。电影中的文化元素不仅能够帮助学生了解不同地区的风土人情，还能提升他们的跨文化交际能力。例如，通过对比不同文化背景下的语言表达和行为方式，学生可以更好地理解和尊重不同的文化，掌握不同文化背景下的交际技巧。

通过讨论和角色扮演等互动环节，学生可以提升综合能力。例如，通过小组讨论，学生可以分享自己的观点和想法，提升合作能力和批判性思维能力。通过角色扮演，学生可以模拟电影中的角色，提升语言运用能力和交际技巧。这些互动环节不仅能够提升学生的参与度和提升学习效果，还能培养他们的团队合作能力和创新思维能力。

总的来说，电影教学法在英语教学中的应用不仅能提升学生的语言水平与跨文化交际能力，还能增强他们的文化素养与综合素质。通过将电影中的语言和文化元素有机融入课堂教学，教师能够营造一个生动、真实、综合、互动且灵活的教学氛围，使学生能够在享受学习乐趣的同时，全面提升个人能力，为未来的职业发展奠定坚实基础。

（二）地域文化在电影中的呈现方式

1.电影中地域文化的表现手法

（1）视觉元素

电影中的视觉元素是展现地域文化独特风貌与历史背景的重要手段。通过画面、场景、服装、道具等元素，电影能够直观地传递地域文化的魅力。例如，《长安三万里》通过盛唐建筑群、胡旋舞场景与圆领袍襦裙服饰的精准还原，将长安城的恢宏气象与丝绸之路的多元文化浓缩于银幕。在展现少数民族文化时，《落绕》运用苗族蜡染纹样的百褶裙、吊脚楼建筑群以及长桌宴场景，将黔东南村寨的生态智慧与宗族伦理进行可视化转译。动画领域则通过水墨留白（《小蝌蚪找妈妈》）、剪纸镂空（《渔童》）等传统美术技法，将地域文化基因注入超现实叙事。这些视觉符号不仅是历史考据的成果，更通过艺术化重组形成文化认同的视觉密码，让观众在沉浸式审美中完成对地域文明的解码与传承。

（2）语言元素

电影中的语言元素是传达地域文化特点与文化内涵的重要途径。通过对话、旁白、歌曲等形式，电影能够充分展现地域文化的语言特色与文化底蕴。例如，方言和地方俚语的运用，不仅能让观众直观感受地域文化的独特语言风格，还能增强电影的代入感与亲切度，使观众更深入地理解地域文化的独特性。同时，旁白与歌曲的巧妙结合，能够传达地域文化的情感与精神内涵，让观众在欣赏电影的过程中，进一步体会地域文化的丰富意蕴。

（3）情节元素

电影中的情节元素是展现地域文化、社会背景及人文精神的重要载体。凭借精心设计的故事情节和人物形象，电影能够生动呈现特定地域的文化特征与社会风貌。例如，《红高粱》通过山东高密乡的酿酒习俗与高粱地意象，将地域农耕文明与抗战背景交织，展现黄河流域的野性生命力与家国情怀；《雄狮少年》以广东醒狮竞技为载体，通过咸鱼干、白粥等饮食符号和粤语对白，构建起岭南市井生活的烟火气息。而《爱情神话》则通过上海弄堂里的咖啡文化与方言俚语，精准捕捉海派文化中市井与摩登交融的特质，补鞋匠谈哲学、邻居共赏费里尼电影等情节，凸显城市独有的精神格调。这些作品通过方言、民俗、地标场景等"文化密码"，让观众在光影中完成对地域基因的解读与精神共鸣。

2.电影中地域文化的内涵与价值

电影中的地域文化内涵丰富多样，它们不仅反映了特定地区的自然景观、历史传统和社会生活，还体现了当地人民的价值观和生活方式。例如，一些电影通过描绘当地的风俗习惯、节日庆典和传统技艺，展现了地域文化的独特魅力。这些文化元素在电影中的呈现，为观众提供了深入了解某一地区的机会，也使得地域文化得以在更广泛的范围内传播。

在高职英语教学中，教师可以选取具有地域文化特色的电影片段，作为教学材料。通过观看电影，学生能够直观地感受到地域文化的魅力，激发他们对本土文化的兴趣和自豪感。同时，电影中的对话和情节也为学生提供了丰富的语言学习素材，帮助他们提升英语听力和口语表达能力。

此外，电影中的地域文化还能够培养学生的跨文化交际能力。在全球化的背景下，了解不同地区的文化背景对于学生未来的国际交流和合作至关重要。通过分析电影中的文化元素，学生可以学会尊重和理解不同的文化，提升自己的文化敏感度和适应能力。

为了更好地将地域文化融入高职英语教学，教师可以设计相关的教学活动，如电影赏析、角色扮演和文化讨论等。这些活动不仅能够提升学生的参与度，还能帮助他们更深入地理解地域文化的内涵和价值。例如，教师可以组织学生观看一部以当地文化为背景的电影，然后让学生分组讨论电影中的文化元素，并用英语进行总结和分享。

总之，电影中的地域文化内涵与价值在高职英语教学中具有重要的意义。通过合理利用电影资源，教师可以有效地将地域文化融入教学，提升学生的英语应用能力和跨文化交际能力，同时增强他们对本土文化的认同感和自豪感。这不仅有助于培养学生的综合素养，也为地域文化的传承和发展做出了积极贡献。

3.电影中地域文化的解读与分析

电影中地域文化的解读与分析是确保教学效果的重要环节。教师可以通过以下几种方法进行解读与分析：

（1）视觉分析

视觉元素是电影中地域文化的重要载体。教师可以引导学生关注电影中的场景、服饰、道具等视觉元素，这些元素往往蕴含着丰富的地域文化信息。例如，在电影《卧虎藏龙》中，竹林、古寺、山水等场景展现了中国江南地区的自然风光和文化底蕴；而在电影《泰囧》中，泰国的寺庙、夜市、传统服饰等则让学生感受到浓郁的东南亚风情。通过对这些视觉元素的分析，学生可以更直观地了解不同地区的地域文化特色，增强对文化差异的认识和理解。

（2）叙事分析

电影的叙事方式也反映了地域文化的特点。教师可以引导学生分析电影的叙事结构、情节发展和人物关系，探讨这些叙事元素如何体现地域文化的价值观和社会规范。例如，在一些好莱坞电影中，个人英雄主义的叙事模式体现了西方文化中对个人自由和独立的重视；而在一些亚洲电影中，集体主义和家庭观念则更为突出。通过对叙事方式的分析，学生可以更深入地理解不同地域文化的内涵和价值取向。

（3）主题分析

电影的主题往往与地域文化紧密相关。教师可以引导学生探讨电影的主题思想，分析这些主题如何反映地域文化的核心价值观和社会问题。例如，在电影《海上钢琴师》中，音乐与人生的选择主题反映了意大利文化中对艺术和生活的独特追求；而在电影《千与千寻》中，成长与自我发现的主题则体现了日本文化中对个人成长和社会责任的重视。通过对主题的分析，学生可以更全面地理解地域文化的深度和广度。

（4）语言分析

电影中的对话和语言表达也是地域文化的重要体现。教师可以引导学生分析电影中的对话内容、语言风格和表达方式，探讨这些语言元素如何反映地域文化的特点。例如，在一些英国电影中，正式的英语对话和礼貌用语体现了英国文化中的绅士风度和礼仪规范；而在一些美国电影中，口语化的对话和幽默表达则反映了美国文化中的自由和随性。通过对语言的分析，学生可以更准确地把握不同地域文化的语言特点和交流方式。

（5）文化符号分析

电影中常常出现各种文化符号，这些符号是地域文化的直观表现。教师可以引导学生识别和分析电影中的文化符号，如建筑、食物、节日、传统技艺等。例如，在电影《舌尖上的中国》中，各种地方美食不仅是视觉享受，更是中国饮食文化的象征；在电影《寻梦环游记》中，墨西哥的亡灵节和糖骷髅则让学生感受到墨西哥独特的死亡文化。通过对文化符号的分析，学生可以更具体地了解地域文化的多样性和丰富性。

（6）跨文化比较

教师还可以引导学生进行跨文化比较，将电影中的地域文化与其他文化进行对比，探讨不同文化之间的异同和相互影响。例如，通过比较电影《英雄》中的中国武侠文化和电影《指环王》中的西方骑士文化，学生可以发现两种文化在价值观、行为规范和审美观念上的差异和共性。这种跨文化比较不仅能够拓宽学生的文化视野，还能培养他们的跨文化思维能力和全球意识。

通过以上方法，教师可以有效地引导学生解读和分析电影中的地域文化，使学生在欣赏电影的同时，深入理解不同地域文化的内涵和价值。这不仅能够提升学生的英语水平和跨文化交际能力，还能增强他们对本土文化的认同感和自豪感，为培养具有国际视野和文化素养的高素质人才奠定坚实基础。

（三）电影教学法在地域文化传播中的作用

1.电影教学法对地域文化传播的推动

电影教学法在地域文化传播中具有重要的推动作用。电影教学法通过直观、生动的影像资料，将地域文化的各个方面，如自然景观、历史传统、社会生活、风俗习惯等，真实地呈现在学生面前。这种视觉和听觉的双重刺激，能够让学生更加直观地感受到地域文化的独特魅力，增强他们对文化的记忆和理解。例如，电影《百鸟朝凤》通过讲述一位唢呐艺人的成长历程，展现了中国陕北地区的风土人情和传统文化。学生在观看电影的过程中，可以欣赏到陕北地区的自然风光、民俗风情，了解到唢呐艺术的独特魅力和文化内涵，从而对陕北地区的地域文化有更深刻的认识。

此外，电影教学法还能够激发学生对地域文化的兴趣和热情。电影作为一种娱乐形式，具有很强的吸引力，能够让学生在轻松愉快的氛围中学习和了解地域文化。例如，电影《非诚勿扰》以幽默风趣的方式展现了中国现代都市文化和婚恋观念，同时也融入了海南地区的自然风光和地域特色。学生在观看电影的过程中，不仅能够感受到电影的娱乐性，还能够了解到不同地区的文化差异和特色，从而激发他们对地域文化的探索欲望。

2.电影教学法在培养学生文化意识中的作用

电影教学法在培养学生文化意识中具有重要作用。通过观看具有地域文化特色的电影，学生能够了解到不同地区的文化背景和价值观，从而增强他们的文化敏感度和跨文化交际能力。例如，电影《小鞋子》以伊朗为背景，讲述了一个关于家庭、梦想和成长的故事。学生在观看电影的过程中，可以了解到伊朗的社会文化、家庭观念和教育现状，从而对伊朗的文化有更深入的认识。这种对不同文化的了解和理解，能够帮助学生树立正确的文化观念，增强他们的文化意识和跨文化交际能力。

此外，电影教学法还能够培养学生的批判性思维和文化分析能力。在观看电影的过程中，教师可以引导学生对电影中的文化元素进行分析和讨论，帮助他们理解文化现象背后的社会和历史背景。例如，在观看电影《千与千寻》时，教师可以引导学生分析电影中的日本传统文化元素，如神道教、温泉文化、美食文化等，探讨这些文化元素在电影中的表现形式和意义。通过这种分析和讨论，学生能够更加深入地理解日本文化的内涵，培养他们的批判性思维和文化分析能力。

3.电影教学法在提升学生文化鉴赏力中的价值

电影教学法在提升学生文化鉴赏力中具有重要价值。通过观看具有地域文化特色的电影,学生能够欣赏到不同地区的艺术风格和文化表现形式,从而提升他们的文化鉴赏力。例如,电影《海上钢琴师》以意大利为背景,讲述了一个关于音乐、梦想和人生的故事。电影中的音乐、画面和情节都充满了意大利的艺术风格和文化特色,学生在观看电影的过程中,可以欣赏到意大利的音乐、建筑、美食等艺术形式,从而提升他们的文化鉴赏力。

此外,电影教学法还能够培养学生的文化创造力和创新思维。在观看电影的过程中,教师可以引导学生进行文化比较和跨文化分析,激发他们的文化创造力和创新思维。例如,在观看电影《英雄》时,教师可以引导学生比较中国武侠文化和西方骑士文化的异同,探讨不同文化背景下的英雄形象和价值观。通过这种比较和分析,学生能够从不同的文化中汲取灵感,培养他们的文化创造力和创新思维。

综上所述,电影教学法在地域文化传播中具有重要的作用。通过引入具有地域文化特色的电影作品,教师不仅能够提升学生的英语水平,还能够有效地促进地域文化的传播,培养学生的文化意识和鉴赏力。在高职英语教学中,教师应充分利用电影教学法的优势,结合地域文化资源,设计丰富多彩的教学活动,为学生提供更加生动、真实的学习体验,从而提升教学效果,培养具有国际视野和文化素养的高素质人才。

二、电影教学法对学生跨文化理解力的影响

(一)跨文化理解力的内涵与价值

1.跨文化理解力的定义

跨文化理解力是指个体在不同文化环境下的交际与理解能力,包括对不同文化的认知、理解与尊重,以及在跨文化互动中的适应力与沟通技巧。作为个人素养的重要组成部分,跨文化理解力在全球化时代更是一项不可或缺的关键能力。它要求个体在面对不同文化背景的群体时,能够有效沟通、协作并解决问题,同时尊重并欣赏不同文化的独特价值与特点。培养跨文化理解力不仅有助于个人在国际交往中取得成就,更能推动社会的和谐与稳定发展。

2.跨文化理解力的重要性

跨文化理解力在现代社会中具有重要意义。随着全球化的不断深化,跨文化理解力已成为个人和组织成功的关键因素之一。它能够促进国际交流与合作,使人们在多元文化背景下更有效地沟通和协作。例如,在国际贸易、跨国公司及国际组织等领域,跨文化理解力是取得成功的重要保障。具备跨文化理解力的个人和组织能够更深入地理解不同文化背景下的商业惯例和市场规则,从而在国际商务活动中占据优势。此外,跨文化理解力有助于促进社会和谐与稳定,使人们在多元文化社会中更好地理解与尊重彼此的文化差异。例如,在多民族国家和地区,跨文化理解力是维护社会和谐与稳定的重要基础。提升跨文化理解力,可以减少文化冲突,推动社会和谐与进步。同时,跨文化理解力也助力个人发展与成长,使人们在跨文化环境中更好地适应并发展。例如,在留学、移民、旅游等个人经历中,跨文化理解力是成功的关键因素之一。具备跨文化理解力的个人能够更快适应新环境,更好地融入当地社会,实现个人的全面发展。

3.跨文化理解力的培养途径

在高职英语教学中,跨文化理解力的培养途径多种多样,包括教育、培训、实践等。在教育领域,教师可通过课程设置、教学活动及文化交流活动等,有效提升学生的跨文化理解力。例如,教师可开设跨文化交际课程,并组织文化交流活动,帮助学生深入了解和体验不同文化背景下的交际方式与文化习俗。跨文化交际课程可以涵盖语言、文化、历史、社会等多个领域,通过系统的教学内容和丰富的教学活动,引导学生全面认识不同文化。同时,文化交流活动可通过邀请外国专家、学者来校讲学,或组织学生参与国际会议、学术交流等方式,为学生提供与不同文化背景人士互动的机会,从而提升其跨文化交际能力。

在培训方面,教师可通过专业培训、技能培训和模拟训练等方式,提升学生的跨文化交际能力与文化适应能力。例如,教师可组织跨文化交际培训,帮助学生掌握跨文化交际的基本技巧与策略。此类培训可涵盖语言表达、非语言沟通和文化礼仪等方面,通过模拟真实情景的训练,使学生在实际交际中更加自信和从容。此外,技能培训可侧重教授特定文化知识与交际技巧,帮助学生在商务谈判、国际会议等特定领域内提升跨文化交际能力。

在实践环节,教师可引导学生通过实习和志愿服务等途径提升跨文化交际能力与文化适应能力。以跨国公司实习为例,学生能够在真实工作场景中锻炼并增强这两项能力。

通过深入体验多元文化背景下的职场环境,学生得以了解不同国家和地区的商业文化及工作习惯,从而在实际工作中更加从容地与来自不同文化背景的同事展开合作。此外,参与国际志愿者项目也为学生提供了宝贵的跨文化学习机会,使他们在服务过程中深入理解并适应多元文化,进一步提升跨文化理解与适应能力。

总之,跨文化理解力在现代社会具有重要的意义和价值。通过教育、培训和实践等多种途径,学生可以有效提升跨文化理解力,从而在全球化时代更好地生存与发展。电影教学法作为一种高效的教学手段,不仅能提升学生的语言水平与文化素养,还能增强其跨文化理解与交际能力,为其未来职业发展奠定坚实基础。

(二)电影教学法在提升学生跨文化理解力方面的实践

1.电影选择与跨文化主题的关联

在电影教学法中,电影选择与跨文化主题的关联是确保教学效果的重要环节。教师应根据教学目标和学生需求,选取与跨文化主题相关的电影。这些电影不仅能提供丰富的语言输入材料,还能帮助学生了解和体验不同国家与地区的文化背景。例如,针对旅游管理专业的学生,教师可选择与旅游主题相关的电影,如《美食、祈祷和恋爱》(*Eat, Pray, Love*),通过观看电影,学生能够直观地了解不同国家的自然风光、人文景观和文化习俗,从而提升他们的跨文化理解与感知能力。对于商务英语专业的学生,教师则可选择与商务主题相关的电影,如《华尔街》(*Wall Street*)、《史蒂夫·乔布斯》(*Steve Jobs*)等,帮助学生深入了解不同国家的商务环境、商业伦理和企业文化,从而提升他们在跨文化商务环境中的交际能力与适应能力,为其未来职业发展奠定坚实基础。

2.电影教学活动的设计与实施

电影教学活动的设计与实施是确保教学效果的重要环节。教师可以通过以下几种方式设计与实施电影教学活动,以提升学生的跨文化理解力:

(1)观看电影

教师可以组织学生观看与跨文化主题相关的电影,提升学生的语言理解能力与文化感知能力。观影前,教师可设计预习任务,如让学生查阅相关国家的文化背景资料;观影后,教师可组织讨论,设计相关题目,如引导学生分析电影中的文化差异与相似之处。通过这种方式,学生不仅能提升语言理解能力,还能加深对不同文化的认知与理解。

(2)讨论与分析

教师可以组织学生讨论与分析电影中的跨文化现象,提升学生的跨文化理解力与批判性思维能力。教师可设计讨论题目，如分析电影中的文化冲突及其解决方式，探讨不同文化背景下的价值观与行为规范。通过讨论与分析，学生能够更深入地理解不同文化的内涵与特点，从而提升跨文化理解力与批判性思维能力。

（3）角色扮演

教师可以组织学生进行角色扮演，模拟电影中的跨文化交际场景，提升学生的跨文化交际能力与文化适应能力。教师可设计相关任务，如模拟商务谈判、跨文化会议等，提供具体的场景与角色设定，引导学生在实际操作中提升跨文化交际能力。通过角色扮演，学生能够亲身体验不同文化背景下的交际方式与行为规范，从而提升跨文化交际能力与文化适应能力。

（4）写作

教师可以组织学生进行写作，如撰写电影评论、创作短篇剧本等，提升学生的跨文化表达能力与创作能力。教师可设计写作任务，提供具体的写作要求与指导，帮助学生在写作过程中提升跨文化表达能力与创作能力。通过写作，学生能够更深入地理解不同文化的内涵与特点，从而提升跨文化表达能力与创作能力。

3.跨文化理解力培养的具体教学策略

（1）文化背景介绍

在观看电影前，教师可以先介绍电影的文化背景，以帮助学生了解和熟悉相关内容。例如，在观看《美食、祈祷和恋爱》（*Eat, Pray, Love*）前，教师可讲解意大利、印度和巴厘岛的文化背景，帮助学生更好地理解与体验电影中的文化现象。通过这种方式，学生能提前了解相关国家的历史、地理和文化习俗等信息，为观影做好充分准备。教师还可利用多媒体资源，如图片、视频、文章等，为学生提供丰富的文化背景资料，使其更全面地了解相关内容。

（2）语言技能训练

在观看电影时，教师可以设置语言技能训练环节，如听力理解、口语表达、阅读理解和写作练习等，以提升学生的语言技能。例如，通过听写电影中的对话，学生可以提升听力理解能力；通过模仿电影中的对话，学生可以提升口语表达能力。教师还可以设计具体的训练任务，如听写电影中的对话、复述电影中的情节、翻译电影中的台词等，帮助学生在实践中提升听力理解能力、口语表达能力、笔译和口译能力。通过系统的语言技能训练，学生能够更全面地提升语言运用能力，为跨文化交际奠定坚实基础。

(3) 文化现象讨论

在观看电影后,教师可以组织学生就影片中的文化现象展开讨论与分析,以提升其跨文化理解力与批判性思维能力。具体而言,教师需要预先设计讨论主题,继而引导学生进行深入探讨。通过这一过程,学生将能够更深刻地把握不同文化的内涵与特征,从而提升其跨文化理解力与批判性思维能力。此外,教师还可以引导学生从历史背景、社会环境、个人经历等多重视角解析文化现象,助力学生形成全面而深刻的文化认知。

(4) 跨文化交际模拟

在观看电影后,教师可以组织学生开展跨文化交际模拟活动,如角色扮演、情景模拟等,以提升学生的跨文化交际能力和文化适应能力。例如,教师可以组织学生模拟《华尔街》(*Wall Street*)中的商务谈判场景,使学生亲身体验不同文化背景下的交际方式和行为规范,从而有效提升跨文化交际能力和文化适应能力。随后,教师应提供反馈和指导,帮助学生在模拟过程中逐步提升跨文化理解力。总之,电影教学法在提升学生跨文化理解力方面效果显著。通过科学的教学设计和多样的教学活动,教师能够充分利用电影中的跨文化元素,提升学生的语言能力和跨文化交际能力,促进其全面发展和职业成长。

(三)电影教学法对学生跨文化理解力的影响评估

1.评估指标的确立与方法选择

在评估电影教学法对学生跨文化理解力的影响时,评估指标的确立与方法选择是确保评估效果的关键环节。评估指标主要包括以下几个方面:语言技能、文化理解能力、跨文化交际能力、文化认同感。这些指标能够全面反映学生在跨文化理解力方面的变化。

(1) 语言技能

语言技能是跨文化理解力的基础。该指标旨在评估学生在听、说、读、写等方面的能力提升情况。通过电影教学法,学生不仅能提升语言理解能力,还能增强语言表达能力。例如,观看电影中的对话和情节有助于提升听力和口语能力;阅读电影剧本和撰写电影评论则能提升阅读和写作能力。在评估时,教师可以通过听写、口语测试、阅读理解测试和写作作业等方式,全面考查学生语言技能的进步。

(2) 文化理解能力

文化理解能力是跨文化理解力的核心。该指标关注学生对不同文化背景下交际方式和文化习俗的理解与认知。电影教学法使学生能够了解和体验不同国家和地区的文化背景。评估时,教师可采用问卷调查、课堂讨论和文化现象分析等方法,评估学生的文化理解能力。

（3）跨文化交际能力

跨文化交际能力是跨文化理解力的关键。该指标评估学生在跨文化环境中的适应能力和沟通能力。通过电影教学法,学生能够提升在跨文化交际中的能力与适应性。评估时,教师可通过角色扮演、情景模拟和实际操作等方式,考查学生的跨文化交际能力。

（4）文化认同感

文化认同感是跨文化理解力的重要组成部分。该指标评估学生对我国不同地域文化的认同感和自豪感。电影教学法能够帮助学生增强对不同文化的认同感和自豪感。例如,观看展现江南水乡和岭南地区的电影,有助于学生加深对这些地区文化的认同。评估时,教师可通过问卷调查、课堂讨论和文化体验活动等方式,评估学生的文化认同感。

2.评估方法的选择

评估方法可以包括以下几种：问卷调查、项目评估、案例分析、情景模拟。这些方法能够从多角度全面评估学生的跨文化理解力。

（1）问卷调查

教师通过问卷调查,了解学生对教学内容和教学方法的满意度,以及跨文化理解力的提升情况。问卷设计可采用开放式与封闭式问题相结合的形式,既能获取定量数据,也能收集定性反馈。例如,教师可通过问卷调查了解学生在观看电影前后跨文化理解力的变化,以及对教学内容和教学方法的满意度。通过问卷调查,教师可全面掌握学生的学习体验与反馈,及时发现并解决问题。

（2）项目评估

教师通过评估学生的项目成果,如电影评论、短篇剧本等,全面考查学生的跨文化理解力。项目评估能够提供具体的作品和数据,帮助教师更直观地了解学生的跨文化理解力。例如,通过评估学生撰写的电影评论,教师可以了解其对电影中文化现象的理解与分析能力；通过评估学生创作的短篇剧本,教师可以了解其跨文化表达与创作能力。通过项目评估,教师可以全面评估学生的跨文化理解力,并提出具体的改进建议。

（3）案例分析

教师通过分析学生在实际操作中的表现,评估其跨文化理解力。案例分析能够提供具体的情景与实例,帮助教师更深入地了解学生的跨文化理解力。例如,通过分析学生在跨文化交际案例中的表现,教师可以了解其在实践中的跨文化理解力。通过案例分析,教师可以提供具体的反馈与指导，帮助学生在实际操作中不断提升跨文化理解力。

（4）情景模拟

教师通过设置跨文化交际的情景模拟，评估学生在实际情景中的跨文化交际能力。情景模拟能够提供真实的跨文化交际场景，帮助学生在实践中提升跨文化交际能力。例如，通过设置商务谈判、跨文化会议等情景模拟，教师可以评估学生在实际情景中的跨文化交际能力。通过情景模拟，教师可以提供具体的反馈与指导，帮助学生在实际操作中不断提升跨文化交际能力。

3.学生跨文化理解力的前后对比分析

在电影教学法对学生跨文化理解力的影响评估中，学生跨文化理解力的前后对比分析是确保评估效果的重要环节。教师可通过以下几种方式进行前后对比分析，以评估电影教学法对学生跨文化理解力的实际影响：

（1）问卷调查

教师可通过前后两次问卷调查，比较学生在跨文化理解力方面的变化。例如，通过对比学生在观看电影前后的问卷调查结果，教师能够了解学生在跨文化理解力方面的提升情况。问卷调查可设计为前后对照形式，通过对比两次调查结果，教师能够更直观地掌握学生的变化。

（2）项目评估

教师可通过前后两次项目评估，比较学生在跨文化理解力方面的变化。例如，通过对比学生在观看电影前后的电影评论、短篇剧本等项目成果，教师能够了解学生在跨文化理解力方面的提升情况。项目评估可提供具体的作品和数据，通过对比两次项目成果，教师能够更直观地了解学生的变化。

（3）案例分析

教师可通过前后两次案例分析，比较学生在跨文化理解力方面的变化。例如，通过对比学生在观看电影前后的跨文化交际案例分析，教师能够了解学生在跨文化理解力方面的提升情况。案例分析可提供具体的情景和实例，通过对比两次案例分析，教师能够更深入地了解学生的变化。

（4）情景模拟

教师可通过前后两次情景模拟，比较学生在跨文化理解力方面的变化。例如，通过对比学生在观看电影前后的跨文化交际情景模拟，教师能够了解学生在跨文化理解力方面的提升情况。情景模拟可提供真实的跨文化交际场景，通过对比两次情景模拟，教师能够更直观地了解学生的变化。

通过前后对比分析，教师能够评估电影教学法对学生跨文化理解力的实际影响。

4.电影教学法效果的综合评价与建议

在电影教学法对学生跨文化理解力的影响评估中，综合评价与建议是确保教学效果的重要环节。教师可通过以下方式进行综合评价与建议：

（1）综合评价

教师应通过综合分析评估结果，全面评价电影教学法对学生跨文化理解力的影响，并根据评估结果提出具体的教学改进措施。例如，通过对问卷调查、项目评估、案例分析、情景模拟等评估结果的综合分析，全面评估电影教学法的实际效果。综合评价能够提供全面的数据和信息，帮助教师更深入地了解电影教学法的优势与不足，为教学改进提供科学依据。若评估结果显示学生在某些方面的跨文化理解力提升不明显，教师可增加相关教学内容和活动，如增设跨文化交际课程、组织文化交流活动、提供更多的实践机会等，从而有效提升学生的跨文化理解力。

（2）学生反馈

教师应通过收集学生的反馈意见，了解其对教学内容和教学方法的满意度，以及对教学改进的建议。例如，通过问卷调查和个别访谈，收集学生的反馈意见，了解其需求和意见。学生反馈为教师提供了宝贵的信息，有助于教师优化教学设计，提升教学效果。

（3）教师反思

教师应通过教学反思，总结教学中的经验与教训，提出改进措施。例如，通过教学日志和教学反思，总结教学中的成功经验与存在问题，提出针对性改进方案。教学反思能够帮助教师不断提升教学能力，优化教学设计，从而提升教学效果，促进学生的全面发展和职业成长。

总之，在地域文化背景下，电影教学法在高职英语教学中具有重要的应用价值。电影对地域文化的呈现与解读，不仅能提升学生的英语语言能力，还能加深其对地域文化的理解与认同。通过科学的评估与反馈机制，教师能够及时发现并解决问题，持续提升教学效果，促进学生的全面发展和职业成长。同时，这种方法也有助于更好地传播与发展地域文化，提升高职英语教学的整体质量与效果。

第五节 内容型教学法

在地域文化传承背景下，内容型教学法在高职英语教学中具有重要的应用价值。教师通过将地域文化内容整合到英语课程中，不仅能够提升学生的英语语言能力，还能增强他们对地域文化的认知和认同。本节将从地域文化内容在英语课程中的整合、内容型教学法对高职学生综合能力的促进两个方面，详细探讨这些问题及其解决方案。

一、地域文化内容在英语课程中的整合

（一）内容型教学法的定义与特点

1.内容型教学法的概念解析

内容型教学法是一种将语言学习与学科内容相结合的教学方法。它摆脱了传统语言教学中孤立进行技能训练的模式，转而通过学习具体的学科内容来实现语言学习的目标。该方法强调在实际语境中运用语言，借助学科内容的学习，同步提升学生的语言运用能力和学科知识水平。通过这种语言与学科内容的结合，内容型教学法为学生提供了更加丰富、真实的学习体验，使他们在掌握语言技能的同时，也能深入了解和掌握特定领域的专业知识与技能。

2.内容型教学法的基本特征

（1）学科内容与语言学习的结合

内容型教学法将学科内容与语言学习相结合，通过对学科知识的教学，有效提升学生的语言运用能力。以旅游管理专业为例，学生在学习专业课程内容的同时，能够同步提升专业英语水平。这种教学方式不仅有助于提高学生的语言技能，还能加深其对特定学科知识的理解与应用能力。通过紧密整合语言学习与学科内容，内容型教学法为学生提供了更为丰富、真实的学习体验，使其在掌握语言技能的同时，也能深入理解和熟练运用特定领域的专业知识。

（2）真实语境的应用

内容型教学法注重在真实的语境中运用语言，通过设置实际任务和项目，提升学生的语言运用能力与实操水平。以模拟导游讲解为例，学生能够在真实情景中锻炼语言表达能力。这种真实语境的应用，不仅能有效提升学生的语言技能，还能增强他们的实际操作能力与应变能力。通过精心设计的实际任务和项目，学生能够将所学知识更好地应用于具体情境中，从而全面提升综合能力。

（3）综合能力的培养

内容型教学法不仅关注学生的语言知识和技能，更注重对其综合能力的培养，包括批判性思维能力、合作能力、创新能力和实际操作能力。具体而言，通过小组讨论、项目合作、案例分析等多样化的教学活动，学生能够有效提升合作能力、批判性思维能力和创新能力。这种教学方式全面培养了学生的综合能力，为其未来的职业发展奠定了坚实基础，使其在职业竞争中更具优势。

（4）个性化教学

内容型教学法以学生的实际需求和兴趣为导向，选择并设计教学内容和教学活动，以满足不同层次学生的需求。以旅游管理专业为例，教师可选取与旅游行业紧密相关的教学内容和实践活动。这种个性化教学方式不仅能有效激发学生的学习兴趣和参与积极性，还能增强教学的针对性和实效性。通过实施个性化教学设计，教师能够依据学生的实际情况和需求，提供更加契合学生特点的教学内容与活动，从而显著提升整体教学效果。

3.内容型教学法与传统教学法的区别

内容型教学法与传统教学法在多个方面存在显著差异：

（1）教学目标

传统教学法主要关注学生的语言知识和技能；而内容型教学法则更强调培养学生的综合能力，包括学科知识、语言运用能力和实际操作能力。传统教学法侧重于语言知识的传授和技能的训练，而内容型教学法更注重学生在实际情境中对语言运用能力和学科知识的掌握。

（2）教学内容

传统教学法的内容较为通用；而内容型教学法的内容则高度专业化，涵盖特定学科的知识和技能。传统教学法的内容往往单一，缺乏实际应用背景；而内容型教学法的内容更加丰富多样，能够为学生提供更真实、实用的学习体验。

（3）教学方法

传统教学法多采用讲授式教学和填鸭式教学；而内容型教学法则采用任务型教学、项目驱动教学等互动式教学方法。传统教学法依赖教师的讲授和学生的被动接受；而内容型教学法鼓励学生积极参与和主动探索，通过任务和项目驱动，提升学生的自主学习能力和实践能力。

（4）评估方式

传统教学法多采用笔试和口试；而内容型教学法则采用多元化的评估方式，如项目评估、案例分析、情景模拟等。传统教学法的评估方式较为单一，难以全面衡量学生的综合能力；而内容型教学法的评估方式更加多元化，能够全面评估学生的语言运用能力、学科知识掌握情况和实际操作能力。

（二）地域文化内容在英语课程中的整合策略

1.地域文化内容的筛选与编排

在内容型教学法中，地域文化内容的筛选与编排是确保教学效果的关键环节。教师应依据教学目标和学生需求，精心选择与地域文化相关的教学内容。例如，针对国际商务专业的学生，教师可选取北京胡同的商业文化、上海外滩的近代历史等内容进行教学。此类内容不仅能够提升学生的语言技能，还能深化他们对地域文化的认知与理解。将这些内容融入英语课程中，教师能为学生提供更为丰富且真实的学习体验。

在筛选地域文化内容时，教师需要着重考虑内容的代表性、典型性和实用性。代表性内容应能展现地域文化的独特魅力，典型性内容有助于学生掌握核心文化要素，实用性内容则可提升学生在实际工作中的应用能力。例如，北京胡同的商业文化不仅体现了中国传统商业的运作模式，还折射出中国社会结构的变迁。通过学习这些内容，学生能够更深入地理解中国商业文化的内涵，从而提升文化素养。

在编排教学内容时，教师应注重内容的连贯性与系统性。例如，通过设置"商务谈判"情景，教师可将北京胡同的商业文化及其历史背景融入英语课程，帮助学生在实际操作中提升语言运用能力和文化理解能力。教师可设计一系列由浅入深的教学活动，逐步引导学生从基础知识学习过渡至实际应用练习。通过这种方式，学生不仅能系统掌握地域文化知识，还能在实际操作中提升语言运用能力。

2.地域文化内容与英语知识的融合方法

在内容型教学法中，地域文化内容与英语知识的融合方法是确保教学效果的重要因素。教师可以通过以下几种方式将地域文化内容与英语知识进行融合，提升教学的多样性和有效性：

（1）主题式融合法

主题式融合法是将地域文化内容与英语教学主题相结合的一种方法。教师可以根据教学大纲，选取与地域文化相关的主题进行教学设计。例如，在讲解"节日庆典"这一主题时，可以引入当地的传统节日，如春节、端午节等，让学生用英语描述这些节日的起源、习俗和意义。这种方法不仅能够激发学生的学习兴趣，还能加深他们对本土文化的理解和认同。同时，通过对比中西方节日的异同，培养学生的跨文化交际能力。

（2）项目式融合法

项目式融合法是通过设计以地域文化为主题的英语学习项目，将语言学习与文化探究有机结合。教师可以组织学生开展"城市导览"项目，要求学生用英语介绍本地著名景点、历史建筑或特色美食。在项目实施过程中，学生需要进行资料收集、内容整理、语言表达等多方面的训练，既提高了英语应用能力，又加深了对本地文化的认知。这种方法特别适合高职院校的学生，因为它能够将语言学习与职业技能培养相结合。

（3）情景式融合法

情景式融合法是通过创设真实或模拟的地域文化场景，让学生在特定情境中运用英语进行交流。例如，教师可以设计一个"本地特产推介会"的情景，让学生扮演商家和顾客，用英语介绍和推销本地特色产品。这种方法不仅能够提高学生的口语表达能力，还能培养他们的商务沟通技巧。同时，通过这种方式，学生能够更深入地了解本地特色产业，增强对家乡经济发展的认识。

（4）比较式融合法

比较式融合法是通过对比中西方文化差异，将地域文化内容融入英语教学。教师可以选取本地文化中的某个方面，如饮食文化、建筑风格或传统艺术，与英语国家的相关文化进行对比分析。例如，在讲解"饮食文化"时，可以比较中西方餐桌礼仪的差异，同时介绍本地特色菜肴的英语表达。这种方法能够培养学生的跨文化意识，提高他们在国际交流中的适应能力。

（5）任务式融合法

任务式融合法是通过设计以地域文化为背景的英语学习任务，将语言技能训练与文化知识学习相结合。例如，教师可以布置"制作本地旅游宣传册"的任务，要求学生用英语撰写景点介绍、设计旅游路线、制作宣传海报等。在完成任务的过程中，学生需要运用多种语言技能，同时深入了解本地旅游资源。这种方法能够培养学生的综合语言运用能力，提高他们的实践操作技能。

（6）体验式融合法

体验式融合法是通过组织实地考察或文化体验活动，将地域文化内容融入英语教学。教师可以带领学生参观本地博物馆、历史遗迹或文化创意园区，要求他们用英语记录所见所闻，并进行小组讨论或成果展示。这种方法能够让学生亲身感受本地文化的魅力，同时提高他们的英语表达能力。对于高职院校的学生来说，这种实地学习经历还能够增强他们的职业认知和实践能力。

通过以上六种方法的灵活运用，教师能够有效地将地域文化内容与英语知识相融合，创造出丰富多样的教学形式。这种融合不仅能够提高学生的英语水平，还能增强他们的文化自信和跨文化交际能力，为未来的职业发展奠定坚实基础。对于高职院校来说，这种融合式教学法尤其重要，因为它能够将语言学习与职业技能培养有机结合，培养出既精通英语又了解本土文化的复合型人才。

二、内容型教学法对高职学生综合能力的促进

（一）高职学生综合能力培养的重要性

1.综合能力的内涵与构成

综合能力是指个体在多个领域内所具备的综合素养与能力，包括语言能力、学科知识、批判性思维能力、合作能力、创新能力和实际操作能力等。在高职教育中，综合能力的培养具有重要意义。它不仅涵盖了基本的语言与学科知识，还强调更高层次的思维能力与实际操作能力。通过培养学生的综合能力，教师可以帮助他们建立持续学习与自我提升的机制，使其在应对职场中的各种挑战时更具适应力和竞争力。综合能力的各个组成部分相辅相成，共同构成了学生全面发展的基础。语言能力是沟通与表达的基础，提升语言能力有助于增强学生在国际交流中的竞争力。学科知识是专业发展的基石，通过学习特定学科的内容，学生能够掌握必要的专业知识与技能。批判性思维能力是解决问题与创新的基础，培养这一能力有助于学生在面对复杂问题时做出明智的决策。合作能力是团队协作的基础，通过提升合作能力，学生可以在团队中更有效地发挥作用。创新能力与实际操作能力则是应对新挑战与新技术的关键，培养这些能力有助于学生在快

速变化的社会中保持竞争力。

2.综合能力在高职教育中的地位

综合能力在高职教育中具有重要的地位。综合能力是高职教育的核心目标之一。高职教育的目标不仅限于传授专业知识和技能，更在于培养学生的综合能力，使其具备未来职业发展所需的各项素质。通过综合能力的培养，学生能够更好地应对职场中的各种挑战，从而具备更强的职业竞争力。综合能力是衡量高职教育质量的重要标志。教师通过评估学生的综合能力，可以全面了解高职教育的质量和效果。传统的教育评估往往偏重知识和技能的掌握情况，而忽视了学生的综合能力。通过综合能力的评估，教师能够更全面地掌握学生的实际水平和潜力，为教学改进和教育改革提供科学依据。综合能力是高职教育改革的重要方向。随着社会经济的发展和技术的进步，社会对人才的要求也在不断变化。高职教育需要不断改革教学内容和教学方法，以提升学生的综合能力，更好地满足社会经济发展的需求。通过内容型教学法等创新教学方法，教师能够将语言学习与学科内容相结合，提升学生的实际操作能力和跨文化交际能力，为学生的未来发展奠定坚实基础。

3.综合能力对学生未来发展的作用

综合能力是学生未来职业发展的基础，通过培养这一能力，教师可以帮助学生更好地应对职场中的各种挑战。例如，通过提升学生的批判性思维与团队合作能力，教师能帮助他们在团队合作中更有效地发挥个人作用，从而提升工作效率并增强团队凝聚力。在职场中，具备批判性思维能力的学生能够独立分析并解决问题，而拥有合作能力的学生则能够在团队中做好协调和沟通，这些都是职业成功的关键要素。同时，综合能力也是学生终身学习的基础，通过培养这一能力，教师能够帮助学生具备持续学习和自我提升的动力。在快速变化的社会中，新技术与新知识层出不穷，具备终身学习能力的学生能够不断更新知识与技能，从而保持竞争力。例如，通过培养学生的创新能力和实际操作能力，教师能够帮助他们在面对新挑战与新技术时展现出更强的适应力，使他们能够迅速掌握新工具与新方法，提升工作效率与创新能力。此外，综合能力也是学生适应社会的基础，通过培养这一能力，教师能帮助学生更好地融入社会。在多元文化的社会环境中，具备跨文化交际能力与文化理解能力的学生能够更好地与不同文化背景的人士进行交流与合作。

（二）内容型教学法在提升学生综合能力方面的实践

1.教学活动的设计与实施

（1）基于地域文化的教学活动设计

地域文化是高职英语教学中不可或缺的资源。它不仅为学生提供了丰富的语言学习素材，还能激发学生的学习兴趣和文化认同感。在设计教学活动时，教师应充分挖掘本地文化特色，如历史遗迹、传统节日、地方美食、民俗艺术等，将其融入教学内容中。例如，教师可以设计"家乡文化之旅"活动，让学生用英语介绍本地的著名景点、历史故事和文化传统。通过这种方式，学生不仅能够学习与文化相关的英语词汇和表达方式，还能增强对本地文化的理解和自豪感。

此外，教师还可以结合学生的专业背景，设计与专业相关的教学活动。例如，对于旅游专业的学生，可以组织"旅游线路设计"活动，让学生用英语规划一条以本地文化为主题的旅游线路，并撰写相关的英文宣传资料。对于商务专业的学生，可以开展"本地企业调研"活动，让学生用英语介绍本地的知名企业及其文化特色。

（2）教学活动的实施策略

在实施内容型教学活动时，教师应遵循以学生为中心的教学理念，充分发挥学生的主体作用。小组合作是内容型教学中常用的一种教学策略。通过小组合作，学生可以在团队中分工协作，共同完成任务。例如，在"家乡文化之旅"活动中，教师可以将学生分成小组，每个小组负责介绍一个本地景点或文化活动。在小组合作过程中，学生需要进行资料收集、内容整理和语言表达等多方面的合作，这不仅能够培养他们的团队合作能力，还能提高他们的语言组织能力和表达能力。

项目式学习也是内容型教学中的一种重要实施方式。教师可以设计一个长期的项目，让学生在一段时间内围绕一个主题进行深入研究和学习。例如，教师可以布置"本地文化保护与发展"项目，让学生用英语撰写调查报告，提出保护本地文化的建议和措施。这种项目式学习能够帮助学生培养自主学习能力和问题解决能力，同时也为他们提供了更广阔的语言实践空间。

在教学活动实施过程中，教师还需要及时给予学生反馈和指导。例如，在小组展示或项目汇报时，教师可以对学生的语言表达、内容组织、文化理解等方面进行点评，指出优点和不足，并提出改进建议。通过及时反馈，学生能够及时调整自己的学习策略，不断完善自己的语言能力和综合素养。

2.学生综合能力的培养途径

（1）语言能力的提升

内容型教学法为学生提供了丰富的语言输入和输出机会。在教学活动中，学生可以通过阅读、听力、口语和写作等多种方式接触和使用英语。例如，在"家乡文化之旅"活动中，学生需要阅读有关本地文化的英文资料，通过听力材料了解文化背景，用英语口语介绍本地景点，并撰写相关的英文文章。这种多维度的语言实践能够帮助学生巩固语言知识，提高语言运用能力。

此外，内容型教学法还注重语言的自然习得。在地域文化背景下，学生可以通过真实的语言情境和有意义的语言交流，自然地掌握语言规则和词汇。例如，在介绍本地历史遗迹时，学生可以通过实地参观和讲解，学习与历史、文化相关的词汇和表达方式。这种自然习得的方式能够使学生更加深入地理解和掌握语言，提高语言的准确性和流利性。

（2）跨文化交际能力的培养

地域文化背景下的内容型教学法为学生提供了跨文化交际的实践机会。通过学习和介绍本地文化，学生能够更好地理解不同文化之间的差异和联系，培养跨文化意识。

教师可以通过模拟跨文化交际场景，如角色扮演、情景对话等方式，帮助学生提高跨文化交际能力。例如，教师可以组织学生进行"外国游客与本地导游"的角色扮演活动，让学生在模拟的交际场景中练习跨文化交际技巧。通过这种方式，学生能够学会如何在不同文化背景下进行有效的沟通和交流，提高跨文化交际能力。

（3）思维能力的发展

内容型教学法强调学生在学习过程中进行深度思考和分析。在教学活动中，学生需要对地域文化知识进行整理、分析和总结，并用英语进行表达。例如，在"家乡文化之旅"活动中，学生需要分析本地旅游资源的优势和不足，提出合理的旅游线路设计方案，并用英语进行阐述。这种深度思考和分析的过程能够培养学生的逻辑思维能力和创新思维能力。

教师可以通过引导学生进行讨论、辩论等方式，进一步促进学生思维能力的发展。例如，在讨论地方美食的文化内涵时，教师可以引导学生从不同角度进行思考和分析，鼓励他们提出自己的观点和见解。通过这种方式，学生能够学会如何运用批判性思维和创造性思维来解决问题，提高思维能力。

3.教学案例分析与效果展示

（1）教学案例设计

为了更好地展示内容型教学法在地域文化背景下的应用效果，以下以"家乡文化之旅"为例进行教学案例设计。

教学目标：

学生能够用英语介绍本地的旅游景点和文化特色。

学生能够设计一条合理的旅游线路，并用英语进行展示和讲解。

学生能够培养跨文化交际能力和团队合作能力。

教学过程：

导入：教师通过多媒体展示本地的旅游景点图片和视频，激发学生的兴趣和学习动机。

知识讲解：教师介绍本地旅游景点的历史背景、文化内涵和旅游资源。

小组活动：学生分组讨论并设计旅游线路，包括景点选择、行程安排、交通住宿等内容。

展示与评价：各小组用英语展示自己设计的旅游线路，教师和其他小组进行评价和反馈。

总结与拓展：教师总结本次教学活动的重点内容，并引导学生思考如何将所学知识应用到实际生活中。

（2）教学效果展示

通过"家乡文化之旅"教学案例的实施，学生在多个方面取得了显著的进步。首先，在语言能力方面，学生能够更加流利地用英语介绍本地的旅游景点和文化特色，词汇量和语言表达能力得到了明显提高。其次，在跨文化交际能力方面，学生通过模拟与外国游客的交流，学会了如何用恰当的语言和方式表达本地文化，跨文化交际能力得到了有效培养。此外，在团队合作能力方面，学生在小组活动中学会了分工协作，共同完成任务，团队合作能力得到了锻炼。

通过教学案例的实施，教师也总结了一些经验教训。例如，在教学活动中，教师需要更加注重学生的个体差异，根据学生的不同水平和需求，提供个性化的指导和帮助。同时，教师还需要进一步丰富教学活动的形式和内容，提高学生的学习兴趣和参与度。

(三) 内容型教学法在地域文化传播中的价值

内容型教学法不仅在高职英语教学中提升了学生的综合能力，还在地域文化的传播中发挥了重要作用。通过将地域文化融入英语教学，内容型教学法为文化的传承与创新提供了新的途径，同时也为高职学生的职业发展和社会责任感的培养奠定了坚实基础。

1.地域文化的传承与创新

内容型教学法为地域文化的传承提供了有效的平台。在高职英语教学中，教师通过设计以地域文化为主题的教学活动，使学生能够深入了解本地的历史、民俗、艺术等文化元素。例如，在"家乡文化之旅"活动中，学生不仅学习了与本地文化相关的英语词汇和表达方式，还通过实地考察和文化体验，加深了对本地文化的理解和认同。这种教学方式不仅帮助学生掌握了语言技能，还使他们成为地域文化的传播者和传承者。

此外，内容型教学法还促进了地域文化的创新。在教学活动中，学生不仅需要学习和介绍本地文化，还需要对其进行创新性表达。例如，在"旅游线路设计"活动中，学生需要结合本地文化特色，设计出具有创新性的旅游线路和宣传方案。这种创新性表达不仅能够吸引更多的游客，还能为本地文化的传播注入新的活力。通过这种方式，学生不仅能够传承地域文化，还能为其创新发展贡献力量。

2.跨文化交流与理解

内容型教学法为跨文化交流提供了重要平台。在地域文化背景下，学生通过学习和介绍本地文化，能够更好地理解不同文化之间的差异和联系。例如，在"家乡文化之旅"活动中，学生需要用英语向外国游客介绍本地的旅游景点和文化特色，这需要他们具备跨文化交际的能力，能够用恰当的语言和方式表达本地文化，同时理解外国游客的文化背景和需求。这种跨文化交流的实践不仅能够提高学生的语言能力，还能培养他们的跨文化意识和交际能力。

此外，内容型教学法还促进了学生对多元文化的理解和尊重。在教学活动中，学生通过对比中外文化，能够更好地理解不同文化的独特性和价值。例如，在讨论地方美食的文化内涵时，学生可以从不同角度进行思考和分析，了解不同文化对美食的理解和表达方式。这种多元文化的理解和尊重不仅能够提高学生的跨文化交际能力，还能为他们未来的职业发展奠定坚实基础。

3.职业发展与社会责任

内容型教学法为高职学生的职业发展提供了重要支持。通过将地域文化融入英语教学，学生不仅能够掌握语言技能，还能了解与本地文化相关的职业需求和发展机会。例如，在"本地企业调研"活动中，学生通过调研本地知名企业及其文化特色，能够更好地了解企业的文化需求和发展方向，为未来的职业选择提供参考。

此外，内容型教学法还培养了学生的社会责任感。在教学活动中，学生通过学习和介绍本地文化，能够更好地理解文化保护和发展的重要性。例如，在"本地文化保护与发展"项目中，学生通过撰写调查报告和提出保护建议，能够更好地理解文化保护的意义和责任。这种社会责任感的培养不仅能够提高学生的综合素质，还能为他们未来的职业发展和社会贡献奠定坚实基础。

4.教学反思与改进建议

在实施内容型教学法的过程中，教师需要不断反思和改进教学策略，以提高教学效果。首先，教师应注重学生的个体差异，根据学生的不同水平和需求，提供个性化的指导和帮助。例如，在小组活动中，教师可以根据学生的语言水平和兴趣，分配不同的任务和角色，确保每个学生都能参与到教学活动中。其次，教师应进一步丰富教学活动的形式和内容，提高学生的学习兴趣和参与度。例如，教师可以利用虚拟现实技术、增强现实技术等，为学生创造更加沉浸式的学习体验。

此外，教师还应加强与本地文化机构和企业的合作，开发更多与职业实践相关的教学内容。例如，教师可以与本地旅游公司合作，组织学生参与实际的旅游线路设计和讲解活动，为学生提供更多的实践机会。通过这种方式，学生不仅能够提高语言能力，还能积累实际工作经验，为未来的职业发展奠定坚实基础。

第五章 地域文化背景下的高职英语教学新思路

第一节 地域文化背景下的高职英语教学新要求

在地域文化背景下，高职英语教学面临着新的要求和挑战。为了更好地实现地域文化的传播与发展，提升学生的英语语言能力及跨文化交际能力，教学理念、教学内容和教学方法都需要进行创新和调整。本节将从教学理念的创新和教学内容的拓展两个方面，详细探讨这些问题及其相应的解决方案。

一、教学理念的创新

（一）文化导向的教学理念

在高职英语教学中，文化导向的教学理念逐渐成为一种重要的教学方向，其核心在于通过语言教学促进文化的传播与发展。教学观念的转变与更新，不仅要求教师从单纯的语言知识传授转向对学生文化素养的培养，还需要教师具备跨文化视角和方法，将地域文化有机地融入教学过程。文化导向的教学理念的内涵与意义在于，通过语言学习，学生不仅能够掌握英语的基本技能，还能够在跨文化交际中自信地展示和传播本国文化，增强文化认同感和自豪感。

文化导向的教学理念的实施策略主要包括：第一，学校应加强对教师的文化培训，提升其文化素养与教学能力；第二，教师应积极开发和利用丰富的文化教学资源，如地方文化读本、多媒体课件等；第三，教师应设计多样化的文化教学活动，如文化主题讨论、文化体验项目等，使学生在参与过程中加深对文化的理解与认同。例如，某高职院校在开展"地方民俗"主题教学时,教师组织学生参观当地的民俗博物馆。通过实地考察与互动体验,学生不仅对地方文化有了更深刻的认识,同时也提升了自身的英语表达能力。

(二)学生主体的教学原则

学生主体的教学原则强调以学生为中心,充分发挥其主动性和创造性,使学生在学习过程中真正成为主体。这一原则的理论基础源于建构主义学习理论,该理论认为学习是一个主动建构的过程,学生通过与环境互动不断构建自己的知识体系。实施学生主体教学原则的具体方法包括:首先,教师创设情境,激发学生的学习兴趣,通过模拟真实场景,使学生在实际操作中巩固所学知识;其次,教师鼓励合作,采用小组讨论、角色扮演等形式,促进学生之间的交流与合作,培养其团队精神;最后,教师提供个性化指导,根据学生的学习需求和特点制订个性化的教学计划,帮助其克服学习困难。学生主体的教学原则的实践案例丰富多样,例如某高职院校在教授"旅游英语"课程时,教师将学生分成若干小组,要求每组设计一条旅游线路,包括景点介绍、行程安排和费用预算等,并用英语进行展示和讲解。这种以学生为主体的教学方式不仅提升了学生的语言运用能力,还培养了他们的创新思维和团队协作能力。

(三)实践导向的教学目标

实践导向的教学目标注重通过实际操作与体验,使学生在真实情景中运用所学知识,提升解决问题的能力。设定此类目标时,应基于学生的实际需求与职业发展,旨在培养其实际操作能力与职业素养。实践导向的教学目标的实现途径主要包括:首先,学校应开展校企合作,与企业共建实践基地,为学生提供真实的实习机会;其次,教师应设计实践性强的教学项目,如市场调研、产品推广等,帮助学生在实际操作中巩固所学知识;最后,教师可采用项目驱动教学、任务型教学等教学模式,通过布置具体项目,培养学生的综合能力与职业素养。实践导向的教学目标的效果评价可以通过多种方式进行,如项目报告、实践考核、企业反馈等,全面评估学生在实践中的表现与能力提升。例如,某高职院校与当地一家外贸公司合作,共同开发了"跨境电商"实训项目,学生在教师与企业导师的指导下,完成了从市场调研、产品选择到营销推广的全过程任务,这不仅提升了学生的英语语言技能,还使其积累了宝贵的职业经验。

二、教学内容的拓展

（一）地域文化知识的系统化

地域文化知识的系统化是高职英语教学内容拓展的重要方向，其目标是通过系统的文化教学，使学生全面掌握地域文化知识。构建地域文化知识体系时，需综合考虑地区的历史沿革、地理环境、民俗风情、艺术形式等多个方面，从而形成一个完整且系统的知识框架。将地域文化知识融入教学内容，不仅能丰富课程内容，激发学生的学习兴趣，还能增强学生的文化认同感与自豪感。例如，某高职院校在编写《高职英语》教材时，专门增设了"地域文化"专题单元，介绍了当地的历史名人、传统艺术、特色美食等内容，通过图文并茂的方式，使学生在学习英语的同时，深入理解我国各地区的文化底蕴。地域文化知识系统化的教学成效显著，学生在语言能力和文化素养方面均得到了明显提升。例如，某高职院校在开展"地方民俗"主题教学时，通过剪纸、刺绣、皮影戏等一系列文化体验活动，让学生在实践操作中加深了对我国地域文化的理解与热爱，同时也提升了他们的英语表达能力。

（二）跨文化交际能力的实践化

跨文化交际能力的实践化是高职英语教学的重要目标之一，旨在通过实际操作与体验，增强学生在跨文化交际中的自信。其实践意义在于，通过亲身参与，学生能够更深入地理解并适应不同文化背景下的交流方式，从而提升跨文化交际的灵活性与有效性。在设计与实施实践化的教学活动时，需充分考虑学生的实际需求与职业发展，通过模拟真实场景，帮助学生在实际操作中巩固所学知识。例如，某高职院校组织商务英语专业的学生与外国留学生进行模拟商务谈判，通过角色扮演和实际操作环节，使学生积累了宝贵的跨文化交际经验。跨文化交际能力实践化的评价标准应包括语言表达能力、文化敏感性、交际策略等多个方面，通过综合评估，全面了解学生的表现与能力提升情况。例如，某高职院校在"国际交流"项目中，通过问卷调查、访谈及观察等多种方式，全面评估了学生的跨文化交际表现，发现其在语言表达、文化理解与交际策略等方面均有明显提升。

（三）英语语言技能的生活化

英语语言技能的生活化是高职英语教学的重要方向，旨在通过生活化的教学资源和活动，帮助学生在实际生活中自如地运用英语。英语语言技能生活化的核心在于，通过贴近生活的教学内容和活动，使学生在实际情景中巩固所学知识，提升语言运用能力。生活化教学资源的开发与应用应紧密结合学生的实际需求和生活经验，通过多媒体课件、情景对话、生活案例等多种形式，帮助学生在实践中巩固所学知识。例如，某高职院校在"日常英语"课程中，围绕购物、餐饮、旅行等生活场景开发了一系列生活化的教学资源，通过情景模拟与实践训练相结合的方式，有效提升了学生的英语实际应用能力。生活化教学对提升学生语言能力的效果显著，不仅增强了学生的语言表达能力，还提升了他们的实际应用能力。例如，某高职院校在"生活英语"项目中，组织学生参与社区志愿服务活动，通过与社区居民的交流，使学生在实际情景中提高了英语语言技能，同时也增强了社会责任感和团队协作能力。

第二节 加强地域文化在高职英语教学中的内容融入

在地域文化背景下，加强地域文化在高职英语教学中的内容融入具有重要意义。通过挖掘、整理地域文化素材，并开发和应用相关教学资源，教师不仅能够丰富教学内容，还能有效提升学生的文化理解与跨文化交际能力。本节将围绕地域文化资源的挖掘与整理、地域文化教学资源的开发与应用两个方面，深入探讨相关问题及其解决方案。

一、地域文化资源的挖掘与整理

（一）地域文化资源的调查与收集

在高职英语教学中，有效挖掘与整理地域文化资源是丰富教学内容和文化内涵的关键环节。调查与收集的方法与步骤应科学合理，以确保资源的全面性与准确性。教师可以通过文献查阅、田野调查、专家访谈等多渠道获取信息。其中，文献查阅主要涉及地方志、历史档案、学术论文等，能够提供系统的背景资料；田野调查则要求教师亲自前往文化遗址、传统村落等地进行实地考察，以获取第一手资料；专家访谈则是向文化学者、非物质文化遗产代表性传承人等专业人士请教，以获取权威的解读与建议。调查与收集过程需要有明确的计划和时间表，确保各项工作有序推进。例如，教师可以先确定调查的重点区域与主题，再根据实际情况调整调查路线与时间安排，从而提升调查的高效性与针对性。调查与收集的结果应及时整理归档，形成系统的数据库，以便后续的教学设计与研究。

地域文化资源的类型与特点丰富多样，涵盖了自然景观、人文历史、民间艺术、传统习俗等多个方面。自然景观，如山川河流、名胜古迹等，不仅具有美学价值，还承载着丰富的历史文化信息；人文历史则包括地方史志、名人传记、重大历史事件等，有助于学生了解家乡的发展变迁；民间艺术，如剪纸、刺绣、皮影戏等，展现了地方人民的智慧与创造力；传统习俗则涉及婚丧嫁娶、节日庆典、饮食文化等，反映了地方人民的生活方式与价值观念。

在调查与收集过程中，教师应注重资源的多样性与代表性，力求全面覆盖不同类型的地域文化资源，为教学提供丰富的内容支撑。例如，某高职院校在开展"乡土文化"主题教学时，组织师生前往当地著名古镇进行实地考察，通过摄影、录音、采访等方式，收集了大量关于历史建筑、传统工艺与民间故事的资料，为后续的教学设计提供了宝贵的素材。

（二）地域文化资源的分类与整理

地域文化资源的分类与整理是确保资源有序管理和有效利用的基础。其原则和方法应遵循科学性和实用性，确保资源条理清晰、便于检索。分类与整理的原则主要包括系统性、层次性和可操作性。系统性要求按照不同领域和主题对地域文化素材进行分类，如自然景观、人文历史、民间艺术等；层次性则是在每个大类下进一步细化，如将自然景观细分为山水风光、城市景观等；可操作性强调分类方法的简便易行，便于教师和学生快速查找所需信息。分类与整理的方法可采用文件夹管理、数据库建设、图谱绘制等多种形式。例如，教师可以将收集到的图片、声频、视频等多媒体资源按类别存储在不同文件夹中，标注关键词和描述信息，以便检索；也可以建立专门的数据库，录入所有资源信息并设置查询功能，实现智能化管理；还可以绘制地域文化图谱，直观展示不同文化元素之间的关系。

地域文化资源的分类体系应当科学合理，涵盖各个方面的文化资源。例如，教师可以将自然景观分为山水风光、城市景观、乡村风貌等；将人文历史分为地方史志、名人传记、重大历史事件等；将民间艺术分为传统手工艺、民间音乐、民间舞蹈等；将传统习俗分为婚丧嫁娶、节日庆典、饮食文化等。这一分类体系的建立不仅有助于教师在教学中快速找到所需资源，还能为学生提供系统的学习框架，帮助他们更好地理解和记忆地域文化知识。

分类与整理的成果展示可以通过多种方式进行。例如，某高职院校将整理好的地域文化资源制作成电子资源手册，供全校师生查阅；同时创建了在线资源库，设置搜索功能和用户评论区，方便师生交流与反馈，从而提升资源的利用率和影响力。

（三）地域文化资源的筛选与加工

地域文化资源的筛选与加工是确保教学内容质量和适切性的关键环节。筛选与加工的标准和流程应当明确具体，以保障地域文化资源的科学性和适用性。筛选标准应涵盖文化代表性、教学适用性和学生兴趣三个维度。文化代表性要求所选地域文化资源能够真实反映某一地区的文化特征，如地方历史故事、民俗风情、传统艺术等；教学适用性则指地域文化资源的难度和形式应符合学生的认知水平，易于引发思考和讨论；学生兴趣是保证地域文化资源吸引力的关键，教师可通过问卷调查、小组讨论等方式，了解学生对哪些文化话题最感兴趣，并据此进行资源筛选。加工流程应包括内容审核、素材编辑、教学设计等环节。内容审核旨在确保所选地域文化资源的准确性和可靠性，避免出现错误信息；素材编辑是对收集到的原始素材进行整理和加工，如文字润色、图片处理、视频剪辑等，使其更符合教学要求；教学设计则是将筛选和加工后的地域文化资源融入具体的教学活动，如编写教案、制作课件、设计课堂活动等。

筛选与加工的具体操作需要教师具备较高的专业素养和实践能力。例如，在编写"地方历史"教学单元时，教师可首先从地方志、历史档案等资料中筛选出具有代表性的历史事件和人物，再通过文献查阅和专家访谈核实相关信息的准确性；然后，对收集到的文字、图片、声频等素材进行编辑处理，制作成多媒体课件；最后，设计一系列课堂活动，如角色扮演、小组讨论、文化展览等，引导学生在参与中加深对地方历史的理解和记忆。

筛选与加工后的地域文化资源不仅能丰富课堂教学内容，还能提升学生的学习兴趣。例如，某高职院校在开展"地方民俗"主题教学时，教师将筛选和加工后的民俗故事、传统工艺等内容融入课堂，通过互动式教学方法，激发了学生的学习热情，取得了良好的教学效果。

二、地域文化教学资源的开发与应用

（一）教材内容的地域文化融入

教材内容的地域文化融入是提升高职英语教学质量的重要途径。地域文化融入教材的原则与策略应当科学合理，确保教材内容的丰富性和适用性。融入原则应包括文化代表性、教学适用性和时代性。其中，文化代表性要求教材内容能够真实反映某一地区的文化特征，如地方历史故事、民俗风情、传统艺术等；教学适用性则指教材内容的难度和形式要符合学生的认知水平，易于引发思考和讨论；时代性则强调教材内容要与时俱进，反映当代社会的发展变化。融入策略可采取专题式、渗透式和案例式等多种形式：专题式是指在教材中设置专门的单元或章节，集中介绍某一地区的文化特色；渗透式则是将地域文化元素贯穿于各个单元和章节，潜移默化地影响学生；案例式则是通过具体的文化案例，引导学生在实际操作中加深对文化的理解。

教材编写的实践案例可为其他院校提供有益借鉴。例如，某高职院校在编写《高职英语》教材时，专门设置了"地方文化"专题单元，通过图文并茂的形式介绍了当地的历史名人、传统艺术、民俗风情等内容，使学生在学习英语的同时深入了解当地的文化底蕴。此外，该院校还在其他单元中穿插了与地方文化相关的词汇、对话和阅读材料，如在"Festivals and Celebrations"单元中加入了当地传统节日的介绍，通过对比不同文化的庆祝方式，培养学生的跨文化交际能力。教材使用的效果评价可通过问卷调查、课堂观察、学生访谈等多种方式，全面了解学生对教材内容的满意度和学习效果。例如，某高职院校在教材投入使用后组织了一次问卷调查，结果显示大部分学生认为教材内容丰富有趣，能够激发他们的学习兴趣，同时也有助于提升他们的文化素养。

（二）网络资源的整合与利用

网络资源的整合与利用是拓展高职英语教学内容的重要手段。网络资源形式多样、内容丰富，涵盖了文本、图片、声频、视频等多种形式。文本资源如新闻报道、学术论文、博客文章等，能够提供系统的背景资料和深入的学术观点；图片资源如摄影作品、插画作品等，能够直观展示自然景观和艺术作品；声频资源如地方戏曲、民间音乐等，能够让学生感受地域文化的独特魅力；视频资源如纪录片、微电影、教学视频等，能够提供生动的视听体验，帮助学生更好地理解和记忆地域文化知识。在整合与利用网络资源的过程中，教师应注重网络资源的多样性和代表性，确保教学内容的全面性和准确性。网络资源整合的方法与途径多种多样，可以根据教学需要灵活选择。例如，教师可以利用搜索引擎、学术数据库、社交媒体等工具，广泛收集与地域文化相关的网络资源；可以建立一个专门的网络资源库，将收集到的资源进行分类整理，设置标签和关键词，方便师生快速查找；还可以利用在线教育平台，如慕课、私播课等，引入优质的网络课程资源，丰富教学内容。网络资源利用的案例分析可以为其他教师提供实用的参考。例如，某高职院校在开展"地方美食"主题教学时，教师利用网络资源库，收集了大量关于当地特色菜肴的图片、视频和食谱，通过制作多媒体课件，使学生在视觉和听觉上获得了丰富的文化体验。此外，教师还组织学生观看了一部关于地方美食的纪录片，并通过讨论和写作活动，加深了他们对地方美食文化的理解。

（三）实践基地的文化体验设计

实践基地的文化体验设计是高职英语教学的重要形式之一，能够为学生提供真实的学习环境。实践基地的选择与建设应科学合理，确保其代表性和实用性。选择标准应包括文化代表性、地理位置便利性和设施完善性。文化代表性要求实践基地能真实反映某一地区的文化特征，如历史文化街区、传统村落、博物馆等；地理位置便利性指实践基地应距离学校较近，交通方便，便于学生前往；设施完善性则强调实践基地应具备必要的教学设施和服务设施，如教室、会议室、餐厅等。实践基地建设应注重环境美化和设施完善，营造舒适宜人的学习环境。例如，某高职院校与当地的历史文化街区合作，建立了"文化体验实践基地"，在基地内设置了多个文化展示区和互动体验区，并配备了专业的讲解员和志愿者，为学生提供丰富的文化体验活动。文化体验活动的设计原则应包括互动性、趣味性和教育性。互动性要求活动设计能激发学生的参与热情，通过动手操作、角色扮演等形式，使学生在实践中加深对文化的理解；趣味性强调活动内容应生动有趣，能够吸引学生的注意力，提高他们的学习兴趣；教育性则要求活动设计具有明确的教育目标，使学生在体验中获得知识和技能。文化体验活动的实施与评价需注重过程的规范性和结果的有效性。在活动实施过程中，教师应全程参与，指导学生完成各项任务，确保活动顺利进行。在活动结束后，教师可以通过问卷调查、小组讨论等形式收集学生的反馈意见，评估活动效果，为未来的活动设计提供参考。例如，某高职院校在"文化体验实践基地"开展了"传统手工艺体验"活动，学生在专业教师的指导下亲手制作了剪纸、泥塑等传统工艺品。通过实际操作，学生不仅掌握了手工技艺，还深入了解了地域文化的内涵。

第三节 创新地域文化在高职英语教学中的输出实践

一、课堂教学的地域文化实践

（一）课堂教学活动的文化设计

在高职英语教学中，教师巧妙地将地域文化元素融入课堂教学活动，不仅能增强学生对本土文化的认同感，还能激发他们学习英语的兴趣。课堂教学活动的设计原则与目标应围绕提升学生的综合能力展开。具体而言，教师在设计时应遵循真实性、互动性和创新性原则。真实性要求教师所选文化内容应源于现实生活，能够反映当地的文化特色和社会现象；互动性强调学生在课堂中的参与度，教师可通过小组讨论、角色扮演等形式，让学生在实际操作中加深对文化的理解；创新性则要求教师不断探索新的教学方法和技术手段，如利用多媒体、虚拟现实等技术，创造沉浸式的文化体验环境。此外，课堂教学活动设计的目标是培养学生具备跨文化的感知力和适应力，使他们能够在国际交流中自信地展示自己的文化背景，同时尊重和理解他人的文化差异。

在课堂教学活动设计中，文化素材的选择至关重要。教师可根据教学内容和学生特点，精心挑选与地域文化密切相关的素材，如地方历史故事、民俗风情、传统艺术等，将其作为教学案例或讨论话题。例如，教师在讲解"Festivals and Celebrations"这一单元时，可以引入当地的传统节日，如春节、端午节等，让学生通过英语学习这些节日的历史渊源、庆祝方式及背后蕴含的文化意义。这种做法不仅丰富了教学内容，还能帮助学生建立文化自信，提升他们运用英语表达和传播本土文化的能力。在实施过程中，教师应注意及时收集学生的反馈，了解他们对文化内容的兴趣点和困惑之处，以便在后续教学中做出相应调整，确保文化设计的有效性和针对性。

（二）课堂教学案例的文化分析

课堂教学案例的文化分析是检验课堂教学活动文化设计效果的重要手段。选择课堂教学案例时，应综合考虑文化代表性、教学适用性和学生兴趣三个维度。文化代表性要求所选案例能够真实反映某一地区的文化特征，如民间故事、地方戏曲等；教学适用性则是指案例的内容和难度应符合学生的认知水平，易于引发思考和讨论；学生兴趣是保证案例吸引力的关键，教师可通过问卷调查、小组讨论等方式，了解学生对哪些文化话题最感兴趣，并据此进行案例筛选。例如，针对高职院校的学生群体，教师可选择与职业发展紧密相关的行业文化案例，如酒店管理、旅游服务等领域的地方特色，这样既贴合学生的专业需求，又能激发他们的学习热情。

课堂教学案例分析的方法与步骤通常包括文献查阅、实地调研、课堂观察和学生访谈等环节。首先，教师通过查阅相关书籍、论文和网络资源，全面了解案例涉及的文化背景和学术观点；其次，教师可亲临现场进行实地考察，收集第一手资料，确保分析的准确性和可信度；同时，教师还需关注学生在课堂上的反应，如参与度、互动情况等，及时记录观察结果；最后，教师通过个别访谈或集体讨论的形式，深入了解学生对案例的看法和建议，为后续教学改进提供参考。

课堂教学案例分析的成果与应用不仅限于课堂教学本身，教师还可通过编写教学案例集、发表学术论文等方式，将成功的教学经验分享给更多同行，推动地域文化教育的普及与发展。

（三）课堂教学评价的文化考量

在对高职英语课堂教学进行评价时，文化考量是一个不可或缺的维度。课堂教学评价的标准应涵盖文化知识的掌握、文化态度的形成和跨文化交际能力的提升三个方面。文化知识的掌握指的是学生对地域文化的基本概念、历史沿革、代表人物等方面的了解程度；文化态度的形成则关注学生是否能够尊重和欣赏不同文化，以及是否愿意主动了解和传播本土文化；跨文化交际能力的提升则体现在学生能否在实际交流中运用所学文化知识，妥善应对文化差异带来的挑战。

为了确保课堂教学评价的全面性和客观性，教师可以结合多种评价方法，如问卷调查法、访谈法和案例分析法等。评价方法的选择与实施需根据具体教学情境灵活调整。问卷调查法适用于大规模的数据收集，教师可以设计包含选择题、填空题和简答题等多种题型的问卷，以全面了解学生对地域文化的认知和态度；访谈法则更适合深入探究个体差异，教师可以通过一对一或小组访谈的形式，倾听学生的真实想法和感受；案例分析法则有助于教师从具体实例中提炼共性规律，为理论研究提供实证支持。无论采用哪种方法，教师都应注重对评价结果的及时反馈，帮助学生明确自身的优势与不足，激发其持续学习的动力。同时，文化考量应纳入教师的教学评价体系，作为考核和奖励的重要依据，从而有效促进教师在教学中更加重视地域文化的传播和发展。

二、课外活动的地域文化体验

（一）地域文化主题的活动策划

地域文化主题的活动策划是高职英语教学中不可或缺的一环，它能为学生提供更为直观和生动的学习平台。活动策划的理念与目标应聚焦于增强学生的文化认同感与实践能力，通过一系列精心设计的活动，使学生在参与过程中深刻感受地域文化的魅力。活动策划应体现开放性和包容性，鼓励学生跨专业、跨年级合作，共同完成任务，培养团队协作精神。活动内容应兼具多样性与创新性，既可以是传统文化展示，如书法展览、民乐演奏等，也可以是现代文化创意，如微电影制作、文化产品设计等。此外，策划还应注重实用性与可持续性，尽可能选择与学生未来职业发展相关的主题，如文化旅游、非物质文化遗产保护等，让学生在活动中获得切实的收获。

活动策划的内容与方法应根据学校的实际情况和学生的兴趣爱好灵活调整。例如，教师可以定期举办"文化周"活动，邀请当地艺术家、手工艺人进校园，与学生面对面交流，传授技艺；也可以组织学生参观博物馆、名胜古迹等文化场所，让学生亲身体验地域文化的深厚底蕴。在具体实施过程中，教师应发挥指导和支持的作用，协助学生制订详细的活动计划，明确分工和责任，确保活动顺利进行。活动结束后，教师应及时组织总结和反思，通过问卷调查、小组讨论等形式收集学生的反馈意见，评估活动效果，为未来的活动策划积累宝贵经验。

（二）具有地域文化特色的实践活动

地域文化特色的实践活动是高职英语教学中的重要形式之一，它能够帮助学生在真实情景中运用所学知识，有效提升跨文化交际能力。实践活动的形式多样，教师可以根据不同的文化主题和教学目标进行灵活选择和设计。例如，教师可以组织学生参与当地的民俗节庆活动，如元宵灯会、端午龙舟赛等，使他们在亲身体验中了解传统习俗，感受浓厚的节日氛围；也可以安排学生深入乡村，与当地居民交流，收集民间故事和传说，并将其编写成英文版的故事集，这不仅锻炼了学生的写作能力，也加深了他们对地域文化的理解。此外，教师还可以结合学校的国际交流项目，邀请外国留学生共同参与地域文化体验活动，通过互动交流促进中外文化的互鉴与融合。

在组织与实施实践活动时，应充分考虑到活动的安全性和可行性。在活动前，教师应做好充分的准备工作，包括制定详细的安全预案、联系活动场地、准备必要的物资等，以确保活动顺利进行。在活动过程中，教师应密切关注学生的安全状况，及时处理突发问题，确保每位学生都能积极参与并有所收获。在活动结束后，教师可以通过撰写活动报告、拍摄视频短片等方式记录和展示活动成果；同时，组织学生分享心得体会，反思活动中的亮点与不足，为未来实践活动的开展积累经验。

这一系列实践活动不仅有助于学生的个人成长，还能够促进学校与社区之间的互动，增进公众对高职教育的理解与支持，从而形成良好的社会效应。

第四节 提升高职英语教师的地域文化素养

一、高职英语教师地域文化素养的现状分析

（一）教师地域文化知识储备的现状

在当前高职教育背景下，教师的地域文化知识储备呈现出多样化的特点。一方面，随着全球化进程的加速，教师普遍具备了一定的国际视野，能够从全球视角审视地域文

化，这为地域文化的国际化传播奠定了基础；另一方面，由于地域文化的独特性和复杂性，部分教师在具体文化知识的掌握上存在明显不足，尤其对具有丰富历史文化遗产的区域，教师对当地传统文化的了解往往不够深入。这不仅限制了他们将地域文化有效融入英语教学的能力，也影响了学生对我国地域文化的认同感和自豪感。因此，提升教师的地域文化知识储备，既是提高教学质量的需要，也是实现地域文化传播与发展的重要举措。

随着社会对高素质人才需求的增长，高职院校日益重视对学生综合素质的培养，其中地域文化教育成为不可或缺的一部分。教师作为这一过程中的关键执行者，其自身的文化素养直接关系到教育效果的好坏。因此，高职院校有必要通过系统化的培训、丰富的实践体验以及持续的学习机制，增强教师的文化底蕴，使他们在教学中能够更加自信地展示和解读地域文化，从而激发学生的学习兴趣，促进文化自觉与自信的形成。

（二）教师地域文化教学能力的现状

当前，教师在地域文化教学方面表现积极，展现出一定的创新能力。许多教师尝试将地方特色融入课堂，如要求学生用英文介绍家乡的风俗习惯和节日庆典等，以增强课程的趣味性和实用性。然而，在实际教学中，教师仍面临诸多挑战。首先，教材资源有限，市面上缺乏专门针对地域文化的英语教材，教师在选择教学材料时往往难以找到合适的内容；其次，教学方法较为单一，部分教师仍沿用传统的讲授式教学模式，忽视了学生的主体地位和个性化需求，影响了教学效果；最后，评价体系不够完善，现有的评价标准更多侧重于对语言技能的考核，而对文化理解与跨文化交流能力的考量相对不足。因此，探索多元化的教学策略，优化教学资源配置，构建全面的评价体系，成为提升教师地域文化教学能力的关键。

（三）教师地域文化研究水平的现状

教师在地域文化研究领域的活跃度和影响力日益增强，众多教师积极参与各类科研项目，致力于挖掘与保护我国地域文化资源，推动学术成果向教育教学实践的转化。例如，部分教师通过对特定地区方言的研究，开发出适合当地学生的英语口语训练课程，既保留了地方语言的独特魅力，又提升了英语学习的实效性。然而，从整体来看，教师在地域文化研究方面仍存在一些不足，如研究深度不够、理论联系实际的能力有待提升等。为进一步提高研究水平，教师不仅应加强个人专业能力的培养，还应注重团队协作，充分利用高校内外的科研平台，加强与国内外同行的交流合作，共同推动地域文化研究的深入发展。

二、高职英语教师地域文化素养的提升途径

（一）加强地域文化知识培训

为有效提升教师的地域文化知识水平，学校可以定期组织形式多样的培训活动，如邀请文化专家开展专题讲座，帮助教师掌握最新文化动态与研究成果；举办地域文化知识竞赛，激发教师间的良性竞争，营造浓厚的学习氛围；成立地域文化学习小组，鼓励教师相互分享经验与心得，构建良性互助学习机制。这些举措不仅有助于拓宽教师知识面，更能促进其在教学实践中不断反思与完善教学理念，从而更好地服务学生的成长与发展。

（二）提升地域文化教学能力

在提升教师地域文化教学能力方面，学校可采取以下措施：首先，组织教学观摩与研讨活动，让教师能够近距离观察并学习优秀教师的教学技巧，同时通过集体讨论的方式解决教学中遇到的实际问题；其次，鼓励并支持教师参与由学校或外部机构发起的地域文化教学项目，如开发地方特色教材、设计文化体验活动等，以此锻炼教师的实践能力，同时为学生提供更加丰富和生动的学习资源；最后，建立涵盖多种类型和级别的地域文化教学案例库，供教师参考借鉴，通过分析成功案例，提炼出可复制推广的经验做法，从而持续提升教师队伍的整体教学水平。

（三）深化地域文化研究

为深化教师的地域文化研究，学校应从多层面着手：首先，鼓励并支持教师申报各级各类科研课题，尤其要重点推动与地方经济社会发展紧密结合的项目，以此为契机，引导教师深入基层，广泛收集第一手资料，确保研究内容的真实性和可靠性。其次，建立开放共享的地域文化研究平台，打破学科壁垒，促进不同领域学者之间的交流与合作，共同探讨地域文化的发展趋势及其对教育的影响。此外，学校应积极组织学术会议、研讨会等活动，既为教师提供展示研究成果的舞台，又能吸引外界关注，扩大研究的社会

影响力。同时，推动研究成果转化为教学资源，反哺课堂教学，形成良性循环。

三、高职英语教师地域文化素养提升的效果评估

（一）评估指标体系的构建

构建科学合理的评估指标体系是衡量高职英语教师地域文化素养提升效果的前提。该体系应涵盖以下几个方面：首先，考查教师对地域文化知识的掌握程度，包括其能否准确传授相关文化信息，并灵活运用所学知识解决实际问题；其次，评估教师的地域文化教学实践能力，重点关注其是否能够创造性地将地域文化元素融入英语课程设计，以及在课堂上的具体表现；最后，衡量教师在地域文化研究方面的成果质量与数量，这既能反映其学术水平，也是评估其贡献度的重要依据。通过对上述指标的综合考量，学校能够全面、客观地评估教师在地域文化素养方面的提升情况，为后续改进工作提供明确方向。

（二）评估方法的选择

为保障评估结果的准确性和公正性，学校可以采用多种评估方法相结合的策略。问卷调查法适用于大样本数据的收集，便于发现普遍存在的问题；访谈法则更利于深入探究个体差异，获取更深层次的信息；案例分析法则有助于从具体实例中提炼共性规律，为理论研究提供实证支撑。这三种方法各具特色，相辅相成，共同构建起立体的评估框架，从而全面反映教师在提升地域文化素养过程中的真实表现。

（三）评估结果的反馈与应用

评估结果的及时反馈与有效应用是提升教师地域文化素养的关键环节。学校应深入分析评估结果，明确教师的优势与不足，帮助他们清晰地认识自身的强项和需要改进的方面；根据评估结果优化培训计划和方法，使其更贴合教师的实际需求，增强培训的针对性和实效性；将评估结果纳入教师的绩效考核体系，作为晋升、评优的重要参考依据，激励教师持续提升自身素养；通过定期发布评估报告等方式，向社会公开评估结果，接受社会监督，推动高职英语教学的持续改进与发展。

四、高职英语教师地域文化素养提升的长效机制建设

（一）政策支持与制度保障

要实现高职英语教师地域文化素养的长期稳定提升，学校必须获得政府及相关部门的大力支持。具体而言，一方面，学校应积极争取政府及相关部门制定相关政策，明确要求各高职院校将地域文化教育纳入人才培养方案，并鼓励和支持教师参与相关培训和研究；另一方面，学校应建立健全教师培训制度，确保培训工作规范化、常态化，从而提升培训质量。此外，学校可以设立专项基金，用于资助地域文化教学与研究项目，以减轻教师的经济负担，激发其积极性和创造力。

（二）教师自我提升意识的培养

教师自我提升意识的培养是提升地域文化素养的重要途径。学校应通过多种形式强化教师对地域文化传播重要性的认识，使其深刻理解自身肩负的责任与使命。同时，学校应为教师创造条件，激发其主动学习地域文化的兴趣与动力，如举办丰富多彩的文化活动、提供外出考察的机会等，让教师在轻松愉快的氛围中增长见识、开阔视野。更为重要的是，学校应引导教师将地域文化融入日常教学，使之成为一种自然而然的习惯，让文化传播成为教育的一部分，而非额外的负担。

（三）多元化合作平台的构建

多元化合作平台的构建旨在为高职英语教师提供更丰富的学习与交流机会。学校应积极加强与地方政府、文化机构的协作，充分利用其丰富的资源与专业指导，以提升教师的地域文化认知；同时，搭建校际交流平台，促进优质教育资源的共享，避免资源浪费；此外，还应推动教师与企业、社会组织的互动，拓宽地域文化实践渠道。例如，可组织师生参与社区服务、文化旅游等活动，这不仅能提升学生的社会实践能力，也能为教师积累宝贵的实践案例。通过以上举措，学校将构建起一个开放、包容且充满活力的合作网络，为高职英语教师地域文化素养的持续提升营造良好环境。

参 考 文 献

[1]陈凤娟. 高职英语教学与地域文化的融合探究：以"用英语讲好茂名故事"为例[J]. 现代职业教育，2024（32）：9-12.

[2]林学梅. 融入地域李白文化的高职英语课程思政教学实践[J]. 湖北开放职业学院学报，2024，37（19）：108-110.

[3]王晶. 中国地域文化融入高职英语教学的有效路径研究[J]. 焦作大学学报，2024，38（4）：79-81，92.

[4]郝宁. 数字化转型背景下高职英语混合式教学模式创新研究[J]. 海外英语，2024（17）：226-228.

[5]郭琼. 混合式高职英语课堂中融入课程思政的教学实践探索[J]. 科学咨询，2024（17）249-252.

[6]臧华. 地方传统文化融入高职英语教学现状调查研究[J]. 英语广场（学术研究），2024（25）：91-95.

[7]郑辉. 中华优秀传统文化融入高职英语课程的创新方法[J]. 英语广场（学术研究），2024（25）：112-116.

[8]张燕燕. 地方特色文化资源融入高职英语课程实践探索：以江苏旅游职业学院为例[J]. 湖北职业技术学院学报，2024，27（4）：75-79.

[9]郑韵千. 高职英语教学中跨文化交际能力培养策略[J]. 现代职业教育，2024（22）：153-156.

[10]邢洪涛. 中华优秀传统文化融入高职商务英语教学策略研究[J]. 佳木斯职业学院学报，2024，40（7）：131-133.

[11]陈蓓. 新课标背景下高职英语学科跨文化性的教学实现机制研究[J]. 海外英语，2024（13）：208-210，225.

[12]叶甜. 多元文化背景下高职英语专业学生文化自信培养路径探究[J]. 海外英语，

2024（13）：235-237.

[13]李丽. 文化自信视域下高职英语跨文化传播能力构建[J]. 辽宁高职学报，2024，26（6）：48-52，112.

[14]徐明星，闻铭，王姣. 高职院校学生跨文化交际能力的培养策略研究[J]. 湖北开放职业学院学报，2024，37（11）：74-76.

[15]肖蕾. 中华优秀传统文化教育融入高职英语教学的探究[J]. 北京政法职业学院学报，2024（2）：120-127.

[16]欧渝. 中华优秀传统文化融入高职英语教学的实践研究[J]. 英语广场，2024（15）：72-75.

[17]杨婷婷. 中华优秀传统文化融入高职英语课程探讨[J]. 教育教学论坛，2024（21）：145-148.

[18]姜雪梅. 中华优秀传统文化融入高职英语教学的模式创新研究[J]. 大学，2024（11）：146-149.

[19]祝元娜. 产出导向法视域下地域文化与英语翻译课程的融合探究[J]. 英语广场，2024（9）：111-114.

[20]任瑞娜. 基于地域文化的高职英语"四维一体"混合式教学模式创新路径探索与实践[J]. 广东职业技术教育与研究，2023（10）：41-45.

[21]刘梦璋. 高职英语教学中地域文化导入的意义策略探析[J]. 海外英语，2023（13）：219-221.

[22]赵昭仪. 高职英语教学融入特色地域文化的路径研究[J]. 中国多媒体与网络教学学报（中旬刊），2022（8）：42-45.

[23]梅翠平，段国祥. 基于混合式教学的地域文化教育创新途径：以英语专业跨课程的岭南文化教育为例[J]. 中国电化教育，2021（10）：120-125.

[24]田颖慧. 地域文化在高职英语教学中的渗透研究[J]. 湖北开放职业学院学报，2021，34（17）：192-193.

[25]庞小峰. 基于地域文化旅游资源的英语实践教学探索[J]. 现代英语，2021（16）：29-31.

[26]李小英. 地域文化差异对高职英语翻译的影响研究[J]. 科学咨询（教育科研），2021（7）：64-65.